Walter Nigg

FRIEDRICH VON SPEE

Walter Nigg

Friedrich von Spee

Ein Jesuit kämpft gegen den Hexenwahn

Mit einem Beitrag von
Walter Seidel
Walter Nigg – Ein Leben mit den Heiligen

BONIFATIUS
Druck·Buch·Verlag
PADERBORN

CIP-Titelaufnahme der Deutschen Bibliothek

Nigg, Walter:
Friedrich von Spee: ein Jesuit kämpft gegen den Hexenwahn / Walter Nigg. Mit einem Beitr. Walter Nigg — ein Leben mit den Heiligen / von Walter Seidel. — Paderborn: Bonifatius, 1991

ISBN 3-87088-654-4

NE: Seidel, Walter: Walter Nigg — ein Leben mit den Heiligen

2. Auflage 1991

ISBN 3-87088-654-4

© 1991 by Bonifatius GmbH Druck · Buch · Verlag Paderborn

Gesamtherstellung:
Bonifatius GmbH Druck · Buch · Verlag Paderborn

Inhalt

Zum Geleit	7
Die Gegengeschichte	9
Sehnsucht einer Jugend	11
Alles ist gesagt zum Tun	16
Hirte oder Mietling?	24
Gelobet muß der Schöpfer sein	29
Die Nacht des Hexenwahns	43
Der Beichtvater tritt auf	52
Das große Mahnbuch	57
Im Streit der Meinungen	69
Mitten im Straßenkampf	74
Einer, der die Wahrheit sagt	76
Walter Seidel: Walter Nigg – Ein Leben mit den Heiligen	83

Zum Geleit

„Seit meiner Studentenzeit habe ich Spee mit Begeisterung in mein Herz geschlossen, und er trug viel zur Befreiung von meiner konfessionellen Voreingenommenheit bei... Spee bleibt für mich ein Lebensbegleiter."
Als Walter Nigg mir im Jahre 1987 diese bemerkenswerten Zeilen schrieb, fragte ich ihn, warum er denn im Rahmen seiner Veröffentlichungen über so viele große Gestalten der Kirche nie über Spee geschrieben habe. Er antwortete: „Ich habe schon vor vielen Jahren ein Manuskript über Spee verfaßt, das ich in meine Truhe legte und nie einem Verleger anbot, weil ich doch nur eine Ablehnung fürchtete."
Angeregt und ermutigt durch die zahlreichen Publikationen, die in Verbindung mit der Wiederauffindung des Grabes von Friedrich Spee 1980 und den Gedenkfeiern zu seinem 350. Todestag 1985 erschienen sind, wandte Walter Nigg sich dem großen Dichter, Seelsorger und Bekämpfer des Hexenwahns erneut zu, nicht um sein früheres Manuskript noch einmal zu überarbeiten, sondern um ein völlig neues Werk zu schreiben, für das die jüngst erschienenen, von ihm aufmerksam verfolgten Ergebnisse der Spee-Forschung die Grundlage bilden sollten.
Man kann es als eine glückliche Fügung verstehen, daß Walter Niggs Darstellung seines ihm zweifellos wesensverwandten „Lebensbegleiters" nun nach dem Tode des Autors gerade zum 400. Geburtstag Spees am 25. Februar 1991 der Öffentlichkeit vorgelegt werden kann.
Dabei drängte es sich geradezu auf, mit dieser posthumen Veröffentlichung zugleich eine Würdigung der Persönlichkeit und des Lebenswerkes von Walter Nigg zu verbinden, der in einer Zeit, da die Erinnerung an die Großen der Geschichte weithin erloschen oder doch verblaßt war,

7

einer ganzen Generation zum Bewußtsein brachte: „Die Heiligen kommen wieder!"

Aufrichtiger Dank sei Frau Gertrud Nigg, der Gattin des Autors, für das Vertrauen gesagt, mit dem sie dem Vorsitzenden der Friedrich-Spee-Gesellschaft Trier das Manuskript zur Veröffentlichung übergab. Herrn Walter Seidel sei herzlich dafür gedankt, daß er seine einfühlsame Gedenkrede zum Tode Walter Niggs für die Publikation zur Verfügung stellte. Besonderer Dank gilt nicht zuletzt Herrn Verlagsleiter Reinhold Röttger für die bereitwillige Aufnahme des Werkes in das Programm des Bonifatius-Verlages.

So möge das Büchlein den beiden großen Menschen und Christen Friedrich Spee und Walter Nigg viele Freunde gewinnen und sie zu den Quellen führen, aus denen beide die Kraft für ihr Leben, Kämpfen und Sterben geschöpft haben.

Anton Arens

Die Gegengeschichte

In dem mehrbändigen Sammelwerk „Die großen Deutschen" fehlt der Name Friedrich von Spees. Anscheinend zählt er nicht zu den Großen der deutschen Geschichte. Zwar machten sich die Herausgeber Gedanken über historische Größe, aber ihre Überlegungen blieben am äußeren Nachruhm hängen. Was das erwähnte Nachschlagewerk vermittelt, ist die Geschichte von Glanz und Elend bedeutender Menschen. In dieser Weise urteilt die Welt, deren Ruhm bekanntlich, gleich einer Kerzenflamme, rasch verlischt.
Im Nachfolgenden dagegen wird ein Vertreter der Gegengeschichte hervorgehoben. Dies ist eine eigenwillige Formulierung, doch geht es um eine Geschichte gegen die Geschichte. Sie wird vom Glauben getragen: „Es ist nichts groß, was nicht gut ist."[1] Die Gegengeschichte wirft die gewöhnliche Anschauung von historischer Bedeutung über den Haufen und lenkt den Blick von außen nach innen. Entscheidend sind die verborgenen Menschen, jene, die im lauten Lärm der Geschichte gar nicht wahrgenommen werden und auch kaum in den Lexiken zu finden sind, weil ihre Seelengröße auf einer nicht ohne weiteres zugänglichen Ebene liegt. Zu diesen fast unsichtbaren, im Abseits stehenden Menschen zählt Friedrich von Spee. Viele wissen kaum etwas von ihm und kennen höchstens einige Lieder aus dem Gesangbuch. Ist es richtig, eine so lichtvolle Gestalt lautlos zu übergehen, einen Mann, der zu den unvergänglichen Wohltätern der Menschheit gehört? Verlangt nicht das einfachste Dankbarkeitsgefühl ein neues Sich-Erinnern an diesen unvergleichlichen Vertreter der Gegengeschichte?
Das einzige Bild von Friedrich von Spee befindet sich heute

---

[1] Matthias Claudius: Sämtliche Werke des Wandsbecker Boten, ed. Bruno Adler, 2. Bd., 1924, S. 367.

im Friedrich-Spee-Kolleg zu Neuss. Allerdings sind sowohl der Künstler als auch die Entstehungszeit des Gemäldes unbekannt. Es besteht keine absolute Sicherheit, daß Spee wirklich so ausgesehen hat. Das Bild kann auch nach Spees Tod gemalt worden sein. Wie dem auch sei, das Gemälde stellt einen in ein schwarzes Gewand gehüllten Priester dar, der in seiner rechten Hand das Birett hält und sich mit der linken auf ein Buch stützt. Welch folgenschweres Buch dies ist, wird uns noch deutlich werden. Das Porträt zeigt einen nachdenklichen Mann mit schwarzem Haar und Bart. Das Antlitz, eigentümlich vom Licht erhellt, deutet seine Erleuchtung an. Die Züge des Paters „sind vom Hauch einer Reinheit umgeben, die an einen Heiligen erinnert"[2]. Je länger man das eindrucksvolle Gesicht anschaut, um so mehr bedarf es der Stärke, dem Anblick standzuhalten. Spee ließ sich nichts vormachen, und es scheint, als richte er eine Frage an den Betrachter. Es bleibt offen, ob dieser sie zu beantworten weiß. Nur wer an der Gegengeschichte innerlich beteiligt ist, kann vor dem Bildnis bestehen.

Friedrich von Spees Wirksamkeit fiel in die Zeit des Dreißigjährigen Krieges. Wie jeder Mensch ist auch der Christ ein Kind seiner Zeit, nicht aber ihr Höriger. Der Dreißigjährige Krieg wird gewöhnlich als Religionskrieg eingestuft, was jedoch eine fragwürdige Teilwahrheit ist, denn nur dem Namen nach hatte er es mit der Religion zu tun. Es war auch kein Krieg zur Verteidigung der Heimat. In ihm kämpften vielmehr die darin verwickelten deutschen und ausländischen Fürsten um die nackte Macht. Alle andern Auffassungen grenzen an Beschönigung. Der Krieg brachte unvorstellbares Elend über Deutschland, dessen Städte und Dörfer in rauchende Trümmer sanken. Das Reich wurde um mehr als ein Jahrhundert zurückgeworfen. Grimmelshausens Roman „Der abenteuerliche Simplicissimus" schildert die Selbstzer-

---

[2] W. Muschg: Pamphlet und Bekenntnis, 1968, S. 67.

fleischung in diesem endlosen Krieg. Bei aller dichterischen Kraft hat der Roman den Wert eines Augenzeugenberichtes. Auch Spee erlebte die unsägliche Not des Krieges aus unmittelbarer Nähe und wurde zuletzt ein Opfer der schrecklichen Auswirkungen. Im Zeitalter der Gegenreformation war die Luft geschwängert vom konfessionellen Hader, der die Christen innerlich zerstörte. Ein rechthaberischer Theologenstreit erhitzte die Gemüter, und dazu nahm eine verwilderte Sittenlosigkeit überhand. Aberglaube und Angst, Schwarzkunst und Sternendeuterei beherrschen die von Hunger und Krankheiten bedrohten Menschen. Die Welt war aus den Fugen geraten, und das Licht des Evangeliums brannte auf kleinster Flamme. Der Krieg dagegen glich einer Feuersbrunst: Niemand war da, sie zu löschen, und seine Dämonie war den Händen der Fürsten längst entglitten. Mitten in dieser grauenvollen Zeit spielte sich das einzigartige Dasein des exemplarischen Friedrich von Spee ab. Das Mysterium Spees auch nur notdürftig anzudeuten ist schwer, da in ihm ganz ungewohnt die Gegengeschichte für einen Augenblick aufleuchtet – ihm zur Ehre und uns zur Freude.

Sehnsucht einer Jugend

Friedrich Spee von Langenfelds Leben ist kaum so darstellbar, wie es sich gebührte. Es ist nur in Umrissen bekannt. Viele Einzelheiten verbleiben im Dunkeln, weil die Dokumente fehlen. Am 25. Februar 1591 wurde Spee als Sproß einer adeligen Familie in Kaiserswerth geboren. Zeitlebens bewahrte er sich seine rheinische Gemütsart. Von seiner Kindheit in der alten Kaiserpfalz weiß man nichts; etwa mit zwölf Jahren kam er an das von den Jesuiten geleitete Gymnasium in der Marzellenstraße in Köln. Spees Leben

wird faßbarer seit seinem im Jahre 1610 erfolgten Eintritt in den Jesuitenorden, der ihn entscheidend prägte. Der äußere Beweggrund war aller Wahrscheinlichkeit nach seine Begeisterung für den Jesuitenmissionar Franz Xaver. Es gibt wohl keinen Orden, der in- und außerhalb der Kirche dermaßen umstritten war wie die Gesellschaft Jesu. Eine überkonfessionelle Beurteilung stammt aus der Feder des kritischen und tiefschürfenden Kirchenhistorikers Franz Overbeck, der „vom Jesuitenorden anders nicht zu reden wußte, denn mit der Empfindung der Verehrung, die ein sublimes Denkmal der Kirchengeschichte stets verdienen wird"[3]. Die Gesellschaft Jesu erlebte – wie jeder Orden – verschiedene Phasen. Sie ist jedoch vor allem nach den Intentionen ihres Stifters zu beurteilen. Ignatius von Loyola war ein Baske und vertrat mit seiner Glut und Nüchternheit eine ungewöhnliche Frömmigkeit. Über ihn sind in den letzten Jahrzehnten von Hugo Rahner, André Ravier u. a. grundlegende Arbeiten erschienen. Ignatius ist ein steil aufflammender Heiliger, den auch Pascal mit keinem Wort antastet, so sehr er in den „Lettres Provinciales" seine überlegene Ironie gegen die damals auf die schiefe Ebene geratenen Jesuiten spielen ließ. Den „Exerzitien" blieb Spee stets tief verpflichtet; zeitlebens war er ein würdiger, kein bloß schülerhafter Sohn des Ignatius. Er wurde nach Petrus Canisius der bedeutendste deutsche Jesuit.
Die Vermutung, der junge Spee sei ins Kloster gegangen, „um sich vor dem Anblick der Leiden der Kreatur zu schützen"[4], trifft nicht zu, sondern entstammt einem Vorurteil Ricarda Huchs. Über sein Motiv, Jesuit zu werden, wußte damals niemand Bescheid. Nur ein Mann war sich darüber klar, und das war der junge Spee selbst. Doch sprach er darüber mit keinem Menschen. Sein Urerlebnis der brennenden Gottesliebe war sein streng gehütetes Geheimnis. Er durchlief den

---

[3] Franz Overbeck: Christentum und Kultur, 1919, S. 276.
[4] Ricarda Huch: Der große Krieg in Deutschland, 1937, S. 858.

regulären Studiengang des Ordens und erwies sich als ein ernster Novize, der von sich sagte: „Von dem ersten Anfang meines geistlichen Lebens an wünsche und denke ich nichts anderes, als aus Liebe zum Gekreuzigten sehr viel zu leiden."[5] Der Wunsch nach Leiden wurde Spee später in seelischer Beziehung reichlich erfüllt, freilich auf eine Art, die er sich damals nicht vorstellen konnte.

Sieben Jahre nach seinem Eintritt schrieb Spee dem Ordensgeneral einen Brief, in dem er ihm die tiefste Sehnsucht seiner Jugend gestand: „Schon lange, Hochwürdiger Vater, währt es (und wenn ich sagen soll, wann es seinen Anfang nahm: fast als ich noch in der Wiege lag), daß eine verzehrende Leidenschaft in mir brennt, wie glühende Kohlen. Bis zum heutigen Tage habe ich sie zu unterdrücken und, aus mancherlei Gründen, zu verheimlichen gesucht. Doch während ich Narr das Feuer unter der Asche begraben will, glüht es immer heftiger und heißer und will in offenen Flammen emporlodern. Nun kann ich nicht mehr dagegen ankämpfen: Ich will mein Herz entblößen, will mein Innerstes offenbaren; was soll ich denn noch verbergen? Indien, mein Vater, und jene fernen Länder haben mir das Herz verwundet. Gewiß hat schon vor langer Zeit, als ich noch im Knabenwams mich kindlichen Spielen widmete, irgendein Genius unmerklich meinen Sinn dorthin ausgerichtet, ganz von mir Besitz ergriffen und mir das als Lebensziel klar vorgezeichnet. Meine Eltern haben es schon bemerkt; es fiel ihnen nicht schwer, mich auf andere Gedanken zu bringen, damit ich das ja noch kindliche Weh nicht empfand; mit zärtlicher Liebe deckten sie die Narbe zu. Als ich älter wurde, konnte es nicht ausbleiben, daß die nur schlecht verheilte Wunde von neuem aufbrach: Nur sie, und kaum etwas anderes, hat mich getrieben, in diesen heiligen Orden einzutreten."[6]

---

[5] Bernhard Duhr: Friedrich Spe, 1901, S. 10.
[6] J. F. Ritter: Friedrich von Spee, 1977, S. 13.

In diesem aufschlußreichen Brief enthüllte Spee mit einer erstaunlichen Offenheit dem General seine geheimen Gedanken. Er gewährte ihm einen Blick in sein Innerstes, überwand alle Scheu und sprach unumwunden von seiner verborgenen Leidenschaft. Schon in seiner Knabenzeit, als er in Kaiserswerth die Rheinschiffe dem Meer zustreben sah, war in ihm der Wunsch nach den fernen Landen erwacht. Er gestand, dieses Ziel nie mehr aus den Augen verloren zu haben. Die Jesuiten haben von der Gründung ihres Ordens an die Mission ausdrücklich zu ihrem Aufgabenbereich gezählt und sie auch früh in die Tat umgesetzt. Sie haben mit ihren kühnen Fahrten einen Heroismus an den Tag gelegt, der eine jugendliche Seele in helle Begeisterung versetzen mußte. Wie sollte ein Pionier von der Liebeskraft eines Franz Xaver nicht eine unendliche Sehnsucht im Herzen eines jungen Menschen entfachen? Der baskische Heilige war in den fernen Osten aufgebrochen, und seine Briefe erzählen von einem geistig-leiblichen Abenteuer ohnegleichen. Der christliche Enthusiasmus der ersten Jesuitenmissionare hatte Spees Herz entzündet. Auch er war kein durchschnittlicher Jüngling, denn seine Seele lechzte nach Kühnheit und Heldentum. Er begehrte, sich selbst zu übersteigen. Im fernen Indien hoffte er die Erfüllung seiner Sehnsucht zu finden. Jedenfalls versteht man Spee nicht, wenn man nicht sein Verlangen nach dem Außerordentlichen beständig beachtet. Der Brief des Sechsundzwanzigjährigen ist der Schlüssel zu seinem verwundeten Herzen.

Doch der General in Rom entschied anders. Es entsprach nicht dem jesuitischen Ordensgeist, auf jugendliche Wünsche einzugehen. Jugendträume waren für einen Jesuiten so wenig bedeutsam wie die Familie, die er hinter sich gelassen hatte. Nicht aus Lust und Laune lehnte der General ab, sondern für ihn standen die Notwendigkeiten des Ordens an erster Stelle. Er ließ den jungen Spee durch einen Mittelsmann wissen, daß schon mehrere Geistliche aus den deutschen Ordensprovinzen auf dem indischen Missionsfeld tätig seien, und der

Orden für das landschaftlich und seelisch verwüstete Deutschland dringend der Helfer bedürfe.
Wie enttäuschend die Absage auf Spee wirkte, weiß man nicht. Auch seinem Wunsch, Italien zu sehen, wurde nie stattgegeben. Als guter Jesuit nahm er die Entscheidung des Generals im Gehorsam wortlos entgegen und unterrichtete als Gymnasiallehrer in Speyer und Worms. Hernach begann er das Theologiestudium in Mainz, wo er 1622 die Priesterweihe empfing.
In dieser Zeit wandte sich Spee nochmals an den General in Rom, doch nicht um seine Bitte zu wiederholen, denn das wäre nicht ordensgemäß gehandelt gewesen. Diesmal schrieb er nicht mehr von der großen Sehnsucht seiner Jugend, sondern er legte dem General die Bitte um die Druckerlaubnis für mehrere Schriften vor. Wieder erhielt er vom General eine Absage, indem dieser ihm das Imprimatur verweigerte. Er fand, die jugendlichen Arbeiten Spees seien zuwenig ausgereift, das Gesuch zu früh gestellt und Spee würde dies später selbst einsehen. Erneut wurde ihm ein Dämpfer aufgesetzt. Der Orden wollte den jugendlichen Heißsporn straffer formen, bevor er ihn frei schalten und walten ließ. Dieser Erziehungsgedanke ist sicher besser, als jungen Menschen in jeder Hinsicht stets nur entgegenzukommen. Spee unterzog sich auch der zweiten Verfügung, ohne über deren Härte zu murren, wußte er doch, was er dem jesuitischen Gehorsam schuldig war. Eines aber behielt er fest im Auge, wenn er auch nie davon sprach: Er wollte mit seiner inneren Glut etwas Großes leisten! Er ließ das Feuer in seinem Innern nicht langsam verglimmen. Es kam nur anders zum Ausbruch, als er es sich in seinen jungen Jahren vorgestellt hatte.

Alles ist gesagt zum Tun

Auf Weisung seiner Vorgesetzten lehrte Spee Moraltheologie in Paderborn. Er vertrat dieselbe theologische Disziplin später auch in Köln und Trier. Seine moraltheologische Lehrtätigkeit kann im vorliegenden Zusammenhang nur notdürftig skizziert werden.
Über die Art und Weise, wie Spee seine Moraltheologie vortrug, weiß man wenig, da sich keine Kolleghefte erhalten haben.
Das Wort ‚Moraltheologie' erweckt die Vorstellung von einer verstaubten Angelegenheit. Doch damals war die Moraltheologie die jüngste, erst im Aufbau befindliche theologische Disziplin. Deswegen darf aus den heutigen moraltheologischen Lehrbüchern nicht auf Spees Ausführungen geschlossen werden. Er war nicht der Professor, der mit einem vorgefaßten Denk-Schema Langeweile unter seinen Zuhörern verbreitete. Spee ging es primär weder um ethische Prinzipien noch um kasuistische Probleme. Beides verbleibt im theoretischen, luftleeren Raum. Die Moraltheologie bedeutete ihm eine Anweisung zu einer christlichen Lebensführung, und somit war sie für ihn ein erregendes Problem von zeitloser Gültigkeit. Eine wirklich christliche Existenz zu führen war ein ebenso kühnes wie gewagtes Tun. Tatsächlich ist es nicht nebensächlich, wie man lebt. Wenn von der Christlichkeit eines Menschen in seinem Dasein nichts ausgeht, dürfte sie nicht in Ordnung sein. Das Christsein ist eine nie völlig zu lösende Aufgabe im Leben des Menschen. Davon war Spee ganz durchdrungen. Seine Ausführungen waren denn auch von einem vorwärtsschauenden Impetus getragen, der seiner gezügelten Feuerseele entsprach.
Von der inneren Lebendigkeit, die Spee auch in seinen moraltheologischen Vorlesungen bezeugte, fühlten sich seine Kollegen befremdet. Schon während seiner Lehrtätigkeit am

Kölner Gymnasium war es zu den ersten Spannungen mit den Ordensoberen gekommen. Der Provinzial Pater Hermann Bavingh, ein organisatorisch begabter Mann mit einer pedantischen Seele, beschwerte sich beim General, da Spee „Einrichtungen des Ordens und anderes kritisiere". Dies war in seinen Augen ein „förchterlichs" Vergehen, das sofort geahndet werden mußte. Ganz gewiß handelte Spee nicht aus Kritiklust, sondern weil er die Zustände nicht richtig fand. Daß sich dies aber ein noch junger Ordensangehöriger herausnahm, war unerhört und mußte gemeldet werden.
In Paderborn machten sich erneut Gegensätze bemerkbar. Durch einige Aussagen erregte Spee Anstoß bei seinen Mitbrüdern, die in den ausgefahrenen Geleisen verharren wollten. Wiederum schrieb Pater Bavingh dem Ordensgeneral nach Rom, daß Spee „über die Armut in der Gesellschaft und über andere Dinge absonderliche Meinungen" hege.[7] Die Denunziation läßt aufhorchen. Offenbar verschärften sich Spees Spannungen mit den Ordensbrüdern. Was heißt das: „absonderliche Meinungen"? Doch wohl Gedanken, die denen, die man bis dahin im Orden vertrat, nicht ganz konform waren. Spee war ein selbständig denkender Mensch, und wenn er seine jungen Zuhörer auch nicht mit pseudooriginellen Gedanken verblüffen wollte, so war er andererseits auch nicht gewillt, klischeehafte Auffassungen vorzutragen. Die Studenten sollten nach ihm die Intentionen des Stifters selbst neu erleben und sie auf die Anforderungen der Gegenwart übertragen. Das Lebendige geriet in Konflikt mit dem Gewohnheitsmäßigen, wenn dieser auch intern ausgetragen wurde. Einige Zeit später schrieb Rektor Christian Lennep in Paderborn einen Beschwerdebrief an den General, in dem er ihm riet, Spee von seinem Lehrstuhl zu entfernen. Es handelte sich um eine garstige Intrige, wie sie im akademischen

---

[7] Helmut Weber, in: Anton Arens: Friedrich Spee im Licht der Wissenschaften, 1984, S. 185.

Lehrbetrieb immer wieder vorkommt. In ihrer ängstlichen Rechtgläubigkeit befürchteten die traditionell gesinnten Patres einen schädlichen Einfluß Spees auf die jungen Ordensbrüder und bemühten sich mit allen Mitteln, ihn von seinem Lehramt zu verdrängen. Schließlich ordnete Pater Hermann Bavingh, Spees Widersacher, kurzerhand seine Absetzung von der Professur an. In einem Brief an den Ordensgeneral beklagte sich Spee darüber, „daß er mitten im Schuljahr zu seiner nicht geringen Verdemütigung von der Professur der Moral entfernt worden sei"[8]. Die Amtsenthebung geschah ohne vorherige Untersuchung; Spee mußte sie als reine Willkür empfinden. Der General zog nähere Auskünfte über Spees Verhalten ein. Der neue Provinzial Goswin Nickel hielt seine schützende Hand über Spee, so daß es nicht zum Äußersten kam. Rom teilte hernach Spee mit, daß er „zu Unrecht bei den Obern verdächtigt worden sei". Spee erlangte nur eine teilweise, aber keine völlige Rehabilitierung. Er wurde nie zu den letzten feierlichen Gelübden zugelassen, die eine endgültige Aufnahme in den Orden bedeuten, eine offensichtliche Zurücksetzung, mit der sich Spee jedoch klaglos abfand.

Heute ist die mißbilligende Beargwöhnung Spees gegenstandslos geworden, und es bleibt einzig zu bedauern, daß er immer nur kurze Zeit Moraltheologie lehren konnte. Er durfte nie länger als ein oder zwei Jahre auf einem Katheder bleiben, dann mußte er seine Zelte wieder abbrechen. Er kam deshalb nie zu einer ruhigen Entfaltung seiner moraltheologischen Gedanken, was sich für dieses Fach negativ auswirkte. Viele Ausführungen Spees über die moraltheologische Thematik wurden allerdings von seinem Nachfolger Hermann Busenbaum übernommen, der sich in seinen Publikationen öfters auf ihn als seinen Gewährsmann berief.[9] Somit ist Spees

---

[8] Ibid., S. 185.

[9] Vgl. ibid., S. 179.

Saat doch nicht spurlos untergegangen. Seine Auffassungen waren durch eine überlegene Milde gekennzeichnet, die von den „lieben Kollegen" zu Unrecht als Minimalismus disqualifiziert wurde. Spee bemühte sich nicht im geringsten um eine Anpassung an seine verworrene Zeit. Dem tapferen Widerstandskämpfer war jede Angleichung an Zeitströmungen in der Seele zuwider. Aber ebensowenig lehrte Spee einen Maximalismus, weil dieser ungewollt in einem unfruchtbaren Rigorismus endigt. Er sprach seinen Zuhörern stets Mut zu. Seine Moraltheologie blieb Einübung ins Christentum, nichts anderes. Dies verleiht ihr den ungewöhnlichen und lebendigen Gehalt.

Spees christliche Überlegungen leben weiter in seinem „Güldenen Tugend-Buch". Freilich erschien es erst 14 Jahre nach seinem Tod. Auch dieser Titel entspricht nicht mehr dem heutigen Geschmack, weil dem Wort „Tugend" nachgerade das Gerüchlein von fader Bravheit anhaftet. In der Gegenwart will niemand mehr tugendhaft sein; Tugend erscheint als ein alttantenhaftes Ideal. Mit solchen Vorurteilen darf man jedoch Spees Buch nicht aufschlagen. Tugend heißt auf lateinisch ‚virtus', was auch ‚Kraft' bedeutet. Es geht bei Spee immer ebenso kraftvoll wie temperamentvoll zu. Wie könnte es auch bei dieser heroisch gesinnten Seele anders sein?

Spees „Güldenes Tugend-Buch" liegt heute in einer mustergültigen Ausgabe vor, die Theo G. M. van Oorschot besorgt hat. Es ist eine imposante Zusammenfassung einer existentiellen Christentumsauffassung. Die Grundlage, auf der Spee sein Gebäude errichtet hat, sind die Heilige Schrift und auch die Heiligenviten. Man rückte sein Buch oft in die Nähe von Thomas a Kempis „Nachfolge Christi".

Der Vergleich drängt sich auf und trifft doch nicht ganz zu. Schon rein äußerlich nicht. Thomas a Kempis' „Nachfolge Christi" ist ein handliches Büchlein, das Ignatius von Loyola stets in der Rocktasche mit sich trug, während Spees ausgereiftes Werk von beträchtlichem Umfang ist. Aber auch inhaltlich ist die Spiritualität verschieden. Thomas a Kempis trat für den Rückzug aus der Welt ein, entsprechend der Devotio moderna, während Spees „Güldenes Tugend-Buch" sich an Menschen richtet, die sich in der Welt bewähren wollen. Das Buch ist ein größtenteils in Dialogform abgefaßtes Gespräch zwischen der „Tochter" und ihrem Beichtvater. Natürlich lebt auch in diesem Buch der Geist des Barock, dies zeigt sich schon in den heftigen Gemütsbewegungen, wie Seufzen, Weinen, Freudentränen usw. Es geht nicht an, diese zeitbedingten Gefühlsäußerungen vorschnell als bloße Phrasen abzutun. Was Spree schrieb, ist immer erlebt und wuchs aus einem starken Miterleben der menschlichen Leiden hervor. Das Herz und nicht die kühle Vernunft geben ihm die gemütsinnigen Worte ein. Dies beweisen auch seine zahlreichen Gedichte. Das „Güldene Tugend-Buch" erschließt sich freilich nicht im ersten Anlauf; es erfordert ein geduldiges und behutsames Einlesen.

Unablässig bedrängten Spee die sozialen Nöte seiner Zeit. Die Sicht des menschlichen Elendes ist im „Güldenen Tugend-Buch" nicht auf den ersten Blick wahrnehmbar, hat man sich aber einmal in das barocke Werk eingelesen, ist es nicht zu übersehen. Spee sagt zu seinem Beichtkind: „Bilde dir für, du sehest in einem großen Spital alle Kranken der Welt. Da liegen etliche welche von dem Stein über alle Maßen gequält werden, wissen vor großer unleidlicher Schärfe der Schmerzen nicht, wo sie bleiben sollen, schreien und rufen jämmerlich. Da liegen andere, welche nicht weniger von dem Podegra, colica, Zahnweh, und anderen unzählbaren Krankheiten geplagt werden. Andere haben etliche Jahr lang immer und stets den ganzen Leib wund gelegen, können nicht mehr leiden, fangen an, aus Ungeduld schier zu verzagen..."[10] Mit scharfem Blick sah Spee die Krankheitsnot und weckte die karitativen Kräfte.

---

[10] Friedrich Spee: Güldenes Tugend-Buch, ed. Theo G. M. van Oorschot, 1968, S. 355.

Ebenso deutlich nahm er das damalige Schulelend wahr. Spee wollte bei der Jugend anfangen und fragte: „Sage nun du an, mein Kind, wenn du ein Herr der ganzen Welt wärest, wolltest du nicht in allen Landen und vornehmen Städten, da es am meisten vonnöten wäre, Schulen und Zuchthäuser (= Erziehungsstätten) aufrichten und stiften, damit die Jugend in Gelehrtheit, Tugend und Andacht unterrichtet würde? Ja, empfindest du nicht in dir einen solchen Eifer, daß wenn sonsten keine andere vorhanden wären, du selbst gern alle Jugend, auch die allerärmste und schlechteste (= schlichteste) Kinder zu Ehren Gottes, mit aller Liebe und Geduld im ABC, und in der Christlichen Lehr unterweisen wolltest?"[11] Spee postulierte nichts Geringeres als die allgemeine Volksschule, eine Idee, mit der er seiner Zeit weit vorausgeeilt ist. Das sind nur zwei Beispiele seiner christlichen Gesinnung. Mit durchdringendem Blick hat Spee in die Welt geschaut und es als seine Pflicht erachtet, die Christen zu praktischer Nächstenliebe aufzurufen. Er fühlte sich für die Zustände auf Erden verantwortlich, legte dem Leser immer wieder seine Fragen vor: „Wenn ich ein leerstehendes Häuschen habe, das ich nicht brauche, warum lasse ich nicht einen armen Menschen umsonst darin wohnen?" Oder: „Wie, wenn ich diese oder jene arme Tochter zur Heirat ausstatten würde?" Spees ganz konkret eingestellte Nächstenliebe wollte den Leser zur Übung der drei göttlichen Tugenden, zu Glaube, Hoffnung und Liebe, anleiten. Sein Ziel war ein den Mitmenschen dienendes Leben, das beständig auf Gott bezogen ist. Dabei schreckte er nicht vor kühnen Formulierungen zurück: „Ja freilich, ist es ein köstliches Ding um die Liebe: sie macht einen Sünder gerecht, auch vor der Beichte, doch soll man dabei nicht vergessen, was auch droben gesagt ist, daß dennoch man schuldig sei, die Sünde hernach zu seiner Zeit

---

[11] Ibid., S. 363.

dem Priester zu beichten."[12] Eine derart kühne Aussage hört man gewöhnlich nicht aus Priestermund. Begreiflicherweise schüttelten etliche Ordensbrüder bedenklich den Kopf und fanden Spees Darlegungen nicht stubenrein. Sie begriffen nicht, daß Spee die Liebe als das Zentralwort des Neuen Testamentes verstand. Die als Agape und nicht als Eros aufgefaßte Liebe ist das große Wunder in dieser so schmerzvollen Welt. Zudem betonten in der damaligen Zeit die katholischen Theologen überstark die Notwendigkeit der menschlichen Mitwirkung mit der Gnade Gottes. Spee leugnete dies nicht, vollzog aber trotzdem eine Umkehrung. Bei ihm stand an erster Stelle die Gnade Gottes, von der die Mitwirkung der Menschen abhängt und die das stärkste Gottvertrauen von ihm fordert. Er hat sogar einmal den Katholiken die Ketzer als Muster dieses Vertrauens vorgehalten,[13] was natürlich den Ordensbrüdern zu weit ging, worauf Spee in Häresieverdacht geriet. Später nahmen die Zensoren einschneidende Veränderungen im „Güldenen Tugend-Buch" vor; ein Kapitel strichen sie sogar ganz.
Die Beargwöhnung seiner Ausführungen geht jedoch fehl. Sie ist nur zu erklären aus dem Gegensatzdenken zwischen Katholiken und Protestanten zur Zeit des Dreißigjährigen Krieges. Im Grunde schrieben auch die katholischen Theologen der Gnade die Priorität zu, aber aus polemischen Gründen betonten sie damals einseitig die Anstrengung des Menschen. Ganz gewiß wußten auch sie, daß der Christ vor allem von einem unbegrenzten Gottvertrauen erfüllt sein muß. Spee lehrte keine Ketzerei; wenn er als selbständig denkender Mensch auch zuweilen in die Nähe der Häresie geriet, so suchte er doch immer das zentrale religiöse Anliegen in den Vordergrund zu rücken. Inmitten der Reformation und Gegenreformation achtete er darauf, nicht zwischen die

---

[12] Ibid., S. 31.
[13] Ibid., S. 76.

beiden Mühlsteine zu geraten, und blieb bei seiner katholischen Überzeugung. Heute würde ihm hierin kein katholischer Theologe ernsthaft widersprechen. Die gegenwärtigen Jesuiten beurteilen die meisten angeblichen Verbesserungen durch die Zensoren als kleinlich und unnötig.
Schließlich geht Spees Grundanschauung dahin: „Alles ist gesagt zum Tun und nicht nur zum Lesen".[14] Dies scheint das Selbstverständlichste von der Welt zu sein und ist doch das Allerschwerste. Die Christen lesen gerne religiöse Schriften; je tiefsinniger diese sind, um so mehr erfreuen sie sich daran. Mit dem bloßen Lesen aber weichen sie unmerklich in den intellektuellen Raum aus, wo man großartige Gedankengebäude errichten und virtuos mit religiösen Begriffen jonglieren kann. Spee ruft die Christen in seinem Buch energisch zur Sache. Es geht doch im Christentum nicht um theologische Spekulationen, um Dialektik und abstrakte Begriffsbestimmungen. Sie nehmen zwar im Denken der Christen einen breiten Raum ein, aber wohin führen sie? Meistens doch nur zu unfruchtbaren Streitigkeiten. Der Verfasser des „Güldenen Tugend-Buches" dagegen war ein Mensch des Tuns. Ihm war eine tätige Frömmigkeit so wichtig, daß er den Leser unablässig dazu ermunterte. Christentum ist in erster Linie ein Tun. Es wird nur im Vollzug wirklich verstanden. Im Alltag muß sich der Christ bewähren. Mit der Betonung des Tuns bewegt sich Spee auf der Linie von Jesu Bergpredigt: „Es werden nicht alle, die zu mir sagen ‚Herr, Herr' in das Himmelreich kommen, sondern die den Willen tun meines Vaters im Himmel."[15]
Ist es nötig, noch ein Werturteil über das „Güldene Tugend-Buch" zu fällen? Es bedarf keiner rühmenden Empfehlung. Der protestantische Philosoph Leibniz, der sich als einer der ersten um die Versöhnung der Konfessionen bemühte,

---

[14] Ibid., S. 15.

[15] Mt 7,21.

schrieb ganz schlicht: „Spees deutsches Gülden-Tugend-Kleinod schien mir ein ganz göttliches Buch zu sein, und ich wünschte es in den Händen aller Christen. Es gibt viele Autoren der mystischen Theologie, aber ich weiß nicht, ob je einer ein so solides Andachtsbuch geschrieben hat."

Hirte oder Mietling?

Nach seinem Weggang von Köln wurde Spee als Volksmissionar in Peine, einem kleinen Landstädtchen in der Nähe von Hildesheim, eingesetzt. Er hatte die Aufgabe, die protestantische Bevölkerung, deren Gebiet durch den Glaubenswechsel des Herrschers wieder dem Katholizismus unterstellt war, zum alten Glauben zurückzuführen. Solche schwierigen Aufgaben vertraute man besonders gerne den Jesuiten an. Auch Spee setzte sich für die Rekatholisierung mit seiner ganzen Kraft ein und schreckte gelegentlich nicht vor harten Äußerungen zurück. Er schlug vor, daß die protestantischen Auswanderer ihre Güter nur an Katholiken verkaufen dürften und das Gebiet innerhalb einer Woche verlassen mußten. Er begründete die Verfügung damit: „Solche Leute sind einer milderen Hand nicht würdig. Deshalb paßt auf einen so harten Klotz ein grober Keil."[16] Die rücksichtslosen Worte scheinen nicht zum Bilde des liebenswürdigen Spee zu passen. Trotzdem wäre es unwahr, sie zu verschweigen. Würde jeder Fleck fehlen, wäre die Gestalt unglaubwürdig. Auch Spee ist ein Kind seiner Zeit, obschon er aus ihr herausragt. Entschuldigend darf man wohl sagen, daß auch er gelegent-

---

[16] Begleitmaterialien, zusammengestellt vom Staatl. Friedrich-Spee-Gymnasium Trier zur Spee-Ausstellung in der Stadtbibliothek Trier 1985, VIII, 1.

lich die Geduld verlor. Das Bibelwort gilt auch für ihn: „Es gibt keinen Frommen auf Erden, der nur Gutes täte und niemals fehlte."[17]
Aufs Ganze gesehen ging Spee bei seinen Rekatholisierungsbestrebungen jedoch überlegen vor und gewann auch etliche Adelsfamilien für die alte Kirche. Dies gelang ihm, weil er die Waffen der Liebe und der überzeugenden Rede handhabte. Er nahm sich auch eifrig der kleinen Leute an, indem er ihnen bei der Umstellung beistand. Die Bauern in ihrem Untertanengehorsam und ihrem Nützlichkeitsdenken fragten ihn nur, ob die katholische Konfession höhere Tauf- und Trauungsgebühren fordere als die protestantische. Spee versicherte ihnen, seine Amtshandlungen um Gotteslohn zu verrichten, und dank dieser Auskunft fanden sie sich mit dem Glaubenswechsel ab. Dermaßen flach war das religiöse Interesse durch den endlosen Krieg geworden. Anders verhielt es sich bei den Frauen. Der überzeugte Ordensmann kämpfte um ihre Sympathie in seinen Fastenpredigten. Im übrigen warb Spees großzügige Hilfsbereitschaft stärker für die alte Kirche als alle Kontroverspredigten zusammen.
Bei seiner heiklen und keineswegs leichten Mission bewies Spee großes Geschick. Dem protestantischen Junker Heinrich Dietrich von Niehusen versicherte er etwas emphatisch, daß ihm „keine Nacht zu dunkel, kein Wetter zu ungestüm, kein Regen zu groß, keine Kälte zu bitter sein würde", daß er bereit wäre, „auf Händen und Füßen des Abends hin und des Morgens wiederum zurückzukriechen, wenn ich nur meinem Heiland und Schöpfer eine Seele zurückgewinnen könnte."[18]
Bei seiner missionarischen Tätigkeit ging Spee mit großer Klugheit vor. Er suchte nicht bei der Gewalt Zuflucht, und es gab bei ihm keine unerquicklichen Dragonereinquartierungen, wie sie der französische König Ludwig XIV. bei der

---

[17] Koh 7,20.
[18] Karl Keller: Friedrich Spee von Langenfeld, o. J., S. 16.

Rekatholisierung des Elsaß betrieb. Spee wollte nicht nötigen, weil ein erzwungener Glaube kein wahrer Glaube ist. Ihm schien es wichtig, die Leute zu überzeugen, so daß sie von der Wahrheit der katholischen Religion auch durchdrungen und über die Konversion innerlich beruhigt waren. Bei allem Bekehrungseifer war Spee kein Fanatiker; von aller sturen Gesinnung frei, pflegte er auch freundschaftliche Beziehungen zu protestantischen Pfarrern, mit denen er sich gesellig unterhielt oder auch ernsthaft diskutierte. Dies will doch etwas heißen im Zeitalter der Gegenreformation, da der konfessionelle Hader die Menschen entzweite und zugleich blind machte für anders gesinnte Christen.
Der Pater besaß eine besondere Gabe, mit den unterschiedlichsten Menschen umzugehen. Einmal hörte er auf der Straße eine junge Frau ein schmutziges Lied vor sich hinträllern. Spee strafte sie nicht mit einem verächtlichen Blick, sondern ging auf sie zu und fragte sie nach dem Wortlaut. Die Frau schwieg verlegen und schämte sich, die obszönen Worte in Gegenwart eines Priesters zu wiederholen. Darauf schrieb Spee ihr einen anderen Text auf einen Zettel und sang ihn ihr einige Male vor. Neugierige gesellten sich hinzu und lernten, beinahe ohne es zu merken, Text und Melodie. Derart überlegen trat Spee der durch den Krieg entstandenen Liederlichkeit entgegen. Das Ereignis zeigt auch die Bedeutung des Liedes. Es ist nicht gleichgültig, ob unsere jungen Leute Volkslieder oder Schlager singen. Durch das Lied prägt sich ein Gedanke unmerklich ein. Spee versuchte stets positive Werte aufzuzeigen, denn von bloßer Abwehr hielt er nichts. Tatsächlich war Spee der geborene Volksseelsorger. Seine Seelsorge erschöpfte sich nicht im Bekehren der Menschen, sie wuchs in viel größere Dimensionen hinein und verdiente ein sorgfältigeres Studium, besonders in der Gegenwart. Eine Rückbesinnung auf Spee wäre heilsam, könnte er doch vielen Geistlichen helfen, sich von ihren Irrungen und Wirrungen zu befreien und ihre wahre Aufgabe in der Seelsorge mit neuem Ernst anzunehmen.

Während seiner missionarischen Tätigkeit widerfuhr Spee ein dramatisches Erlebnis. Am 29. April 1629 ritt er in der Frühe des Sonntags von Peine in das Dorf Woltrop, um dort den Gottesdienst zu halten. Er trabte auf einem schmalen Waldpfad durch dichtes Gehölz, als unerwartet aus dem Nebel ein bewaffneter Reiter mit dem Ruf auftauchte: „Nun hab' ich dich!" Spee erkannte im Nu die Gefahr, doch war es schon zu spät, um auszuweichen. Er glaubte, seine letzte Stunde sei gekommen. Indessen feuerte der Reiter seine Pistole aus nur drei bis vier Schritt Entfernung auf ihn ab. Der Schuß ging fehl, doch Spees Pferd scheute und stürzte. Er brachte es wieder auf die Beine und versuchte zu entfliehen. Der Reiter aber feuerte aus einer anderen Pistole einen zweiten Schuß auf Spee ab, der wiederum sein Ziel verfehlte. Nun zwängte sich Spee an ihm vorbei und gab dem Pferd die Sporen. Der Reiter jagte ihm nach, holte ihn ein, und es kam zu einem ungleichen Kampf. Spee war wehrlos, da er völlig unbewaffnet war. Der heimtückische Angreifer schlug einige Male mit dem Pistolenkolben auf Spees Kopf ein und versuchte dann, ihn mit zwei Degenstichen vom Pferd zu werfen. Der Pater sprengte davon, so daß der Attentäter schließlich von seinem mörderischen Tun ablassen mußte und sich aus dem Staub machte. Blutüberströmt gelangte Spee nach Woltrop, wo er zunächst dem abgesetzten evangelischen Prädikanten, dem „tollen Herrn Tyle" begegnete, der aus undurchsichtigen Gründen im Dorfe hatte verbleiben dürfen. Der Prediger brach beim Anblick des übel zugerichteten Spee in lautes Klagen aus und leistete ihm sofort erste Hilfe. Er wusch ihm die Wunden aus, schnitt einen über die Schläfe herabhängenden Hautfetzen ab und verband ihm den Kopf. Hierauf wollte der Pater unbedingt seinen Gottesdienst halten und befahl dem verwunderten Küster, die Glocken zu läuten. Die anwesende Gemeinde blickte besorgt auf ihren Priester, der auf die Kanzel stieg und seinen Zuhörern das Tagesevangelium vom Guten Hirten las, um dann seine Predigt mit den Worten zu beginnen: „Nun urteilt selber, ob ich ein guter Hirte oder ein Mietling bin!"

Schon nach dem ersten Satz versagte ihm die Stimme, und durch den großen Blutverlust geschwächt, sank er auf die Kanzelbrüstung. Mit letzter Kraft forderte er die Gemeinde auf, das Tedeum anzustimmen: „Großer Gott, wir loben dich ...". Die Anwesenden schauten einander ratlos an, während Spee nochmals rief: „Singt doch, singt!" Dann fiel er in Ohnmacht, und man trug ihn aus der Kirche.
Nach der ärztlichen Versorgung setzte der „tolle Herr Tyle" Spee das Birett auf den Kopf und brachte ihn zu Pferd nach Peine zurück, gefolgt von einer Schar von Leuten. Am nächsten Tag wurde er nach Hildesheim überführt, wo man ihm ärztliche Hilfe leistete, so gut es damals möglich war. Glücklicherweise überwand er bald die Lebensgefahr. Der Prior der Benediktiner-Abtei Corvey, ein Verwandter von Spee, lud ihn ein, sich in seinem Kloster pflegen zu lassen. Nach wochenlangem Krankenlager erholte sich Spee von seinen Verletzungen, doch blieb er bis an sein Lebensende von Kopfschmerzen geplagt.
Man ordnete eine strenge Untersuchung an, indem man „Musketiere mit einem Fähnrich und Berittene zur Verfolgung ausschickte".[19] Der Mörder wurde „nicht ertapfft", weil die Spurenverfolgung viel zu spät einsetzte. Wohl wurde nach einiger Zeit ein Verdächtiger in Untersuchungshaft gesetzt; dieser bestritt jedoch die Tat, und nachzuweisen vermochte man ihm nichts. Das Verbrechen blieb unaufgeklärt. Wahrscheinlich ist der Attentäter in das benachbarte Braunschweiger Gebiet entwichen. Wurde der Mordanschlag im Auftrag ausgeführt oder war es ein Raubüberfall? Bei der grenzenlosen Verwilderung der damaligen Zeit wäre beides nicht ungewöhnlich gewesen. Die Frage bleibt offen.
Dafür ist eine andere Frage eindeutig zu beantworten. Spee stellte nicht nur die Kirchenbesucher von Woltrop vor die

---

[19] Theo van Oorschot, in: Anton Arens: Friedrich Spee im Licht der Wissenschaften, 1984, S. 31.

Entscheidung: Hirte oder Mietling. Auch die heutige Beschäftigung mit ihm sieht sich dieser Frage gegenüber. Spee hat zu seinen Lebzeiten viele Verkennungen und Verdächtigungen über sich ergehen lassen müssen. Daß sie ihn geschmerzt haben, ist verständlich. Aber welchen Glaubens man auch sein mag, eine gründliche Vertiefung in Spees Existenz kann die Frage gar nicht anders beantworten, als daß er eindeutig der gute Hirte war, von dem Christus im Johannes-Evangelium sagt, daß er sein Leben für die Schafe läßt.[20]

Spee war nicht nur der treue Seelsorger für seine Leute in Peine und Umgebung. Er wuchs im Laufe der Zeit in eine andere, noch viel bedeutsamere Tätigkeit hinein. Er wurde im größeren Rahmen zum guten Hirten für unzählige wehrlose Menschen und erfüllte die biblische Aufforderung: „Tue deinen Mund auf für die Stummen und für die Sache aller, die verlassen sind."[21]

Gelobet muß der Schöpfer sein

„Geistlicher Zeitvertreib" überschrieb Alois Haas seine Ausführungen über Spees Dichtung.[22] Es ist mehr als fraglich, ob mit dieser Formulierung Spees Poesie genügend tief erfaßt wird. Seine Verse waren entschieden mehr als bloßer Zeitvertreib, entsprachen sie doch einer wahrhaft poetischen Seele. Spee dichtete, weil er dichten mußte. Er hatte gar keine freie Wahl. Die Flamme, die in seinem Innern brannte, erforderte eine gehobene Sprache.

---

[20] Joh 10,12.
[21] Spr 31,8.
[22] Alois Haas: Sermo mysticus, 1979, S. 330.

Spees Dichtung wurde lange Zeit vergessen und nachher ebensolange in ihrem Wesen verkannt. Der sonst so verstehende Wilhelm Dilthey schrieb von „Tändeleien, die das Große herabwürdigen"[23]. Emil Ermatinger sah in Spees Jesus-Innigkeit nur verdrängte Weltliebe, was wohl das Billigste war, was man über ihn sagen konnte. Diese beschämende Verkennung ist heute gründlich überwunden. Die Literaturwissenschaft hat hierin tüchtig nachgeholt und lobt nun den zauberhaften Charakter von Spees Lyrik.
Die bekundete Verständnislosigkeit hängt mit einem weit verbreiteten Vorurteil über das Barockzeitalter zusammen. Im 19. Jahrhundert wurde der Barock als die falschgerühmte Kunst bezeichnet oder konfessionell als Jesuitenkunst einfach abgetan. Derartige Pauschalurteile sind bloße Schlagworte, jedenfalls sind sie eines geistigen Menschen unwürdig. Nach dem Ersten Weltkrieg begann man die barocke Kunst wieder neu zu entdecken. Der vieldeutige Barock hat etwas geradezu Erregendes an sich, man muß ihn von verschiedenen Seiten angehen, besitzt er doch seine Berechtigung so gut wie die Romanik und die Gotik. Der Barock hat in der Malerei, in der Baukunst, in Dichtung und Musik unerhörte Spannungen zu bewältigen vermocht. Ihm kommt weder das aufgewühlte Gefühl noch die kühle Vernunft ohne weiteres bei. Es gehören historisches Verständnis und auch ästhetische Anschauungen dazu, um seiner reichhaltigen Formenwelt gerecht zu werden. Hausenstein sprach „vom Genie des Barock", der Vernunft und Übervernunft umfasse und das Sinnliche mit dem Übersinnlichen verbinde. Rubens Kunst stellt mit ihren einladenden Gebärden eine großartige Huldigung an den Schöpfer dar. Auch Bachs Musik ist doch nicht nur durch einen beinahe mathematischen Aufbau gekennzeichnet, sondern weist viele köstliche Verzierungen auf, wie

---

[23] Wilhelm Dilthey: Studien zur Geschichte des Deutschen Geistes, 1927, Bd. III, S. 77.

sie der Barock liebte. Es gilt vor allem die Lobpreisungen zu vernehmen. Immer noch mehr, immer noch gesteigerte Fülle wollte der Barock darbringen und konnte sich in seiner Verherrlichung Gottes nie genug tun. Gegenüber einer prachtvollen Barockkirche fallen die meisten modernen Betonkirchen mit ihrer armseligen Nüchternheit einfach ab, weil sie nicht die geringste sakrale Atmosphäre entfalten. Der Barock hat Freude an Reichtum und Vielfarbigkeit. Er weiß um das Diesseits und um das Jenseits und steht immer im Dienst der Ewigkeit.

Aus dem Geist des Barock ist auch Spees Dichtung zu verstehen. Durch die in ihm lebendige Sehnsucht wurde in Spee die musische Natur geweckt, eine erfreuliche Veranlagung, die den Menschen auflockert, und seiner Person Anziehung und Ausstrahlung verleiht. Die Muse bewahrt den Christen vor Griesgram, Pedanterie und Kleinlichkeit. Spee schrieb Gedichte, weil es in ihm sang und klang. Immer wieder legte sich ihm ein Lied auf die Lippen. Er war seinem Wesen nach kein trockener Moraltheologe mit erhobenem Zeigefinger, sondern eine blühende Künstlernatur, die nicht in ein Schema hineingepreßt werden darf. Seine Dichtung wurde früh genutzt, auch wenn sie erst Jahre nach seinem Tod im Druck erschien.

Der von Spee selbst gewählte Titel lautet:

TRVTZ-NACHTIGAL.
oder
GEISTLICHES POËTISCH LVST-
WAELDLEIN.

Als noch nie zuvor in Teutscher
Spraach auff recht Poëtisch gesehen ist.

Allen geistlichen, gottliebenden Seelen,
vnd sonderlich der poëtischen Kunst gelehrten Liebhabern zur Erquickung.
Durch einen Priester der Societet JESV.
Anno 1634.

Das ist eine der langatmigen Überschriften, wie sie damals beliebt waren. Es lohnt sich aber, den Text genau zu beachten. Spee selbst hat ihn in einem Vorwort „Ettliche Merckpünctlein für den Leser" näher erläutert: „Trutz-Nachtigal wird das Büchlein genand weil es trutz allen Nachtigalen süß und lieblich singet, und zwar auff recht Poëtisch."[24] Der Untertitel „Geistliches Poëtisch Lust-Wäldlein" deutet unmißverständlich an, daß es sich um religiöse Dichtung handelt. Wer dafür kein Gehör hat, wird sie auch nicht verstehen. In das „weltliche Plärren", wie Spee sich einmal ausdrückt, will er bewußt nicht einstimmen. Die geistliche Poesie hat in der Dichtung ihre unbestreitbare Berechtigung, zumal sie — man denke an die Psalmen der Bibel — zu den frühesten Erzeugnissen der Liedkunst zählt. Auch die Bezeichnung „Lust-Wäldlein" will hervorgehoben werden. Der Dichter scheute nicht vor dem Wort ‚Lust' zurück, die im Leben ebenso ihre Zeit hat wie der Schmerz. Natürlich verwendet er das Wort nicht im Sinne der hedonistischen Philosophie, sondern denkt an die Freude, die zum innersten Gehalt des Evangeliums gehört.

Der Zusatz „als noch nie zuvor in Teutscher Spraach auff recht Poëtisch gesehen ist" verrät den ganzen Stolz Spees. Zu einer Zeit, da sich die Gelehrten im katholischen Deutschland immer noch der lateinischen Sprache bedienten, wagte er es, in seiner deutschen Muttersprache zu dichten. Deswegen gebührt Spee ein besonderer Platz in der Entwicklung der deutschen Liedkunst. Noch verfügte er über keine restlos ausgebildete Dichtersprache, aber der entscheidende Anfang war gemacht.

Mit seinen Aussagen steckt der Dichter selbst den Bezirk seiner Kunst ab. Sie darf vom modernen Standpunkt aus nicht einfach mit Begriffen wie „Zärtlichkeit" und „naive Dich-

---

[24] Friedrich Spee: Trutz-Nachtigall, ed. Theo G. M. van Oorschot, 1985, S. 11.

tung" abgetan werden. Dies würde Spee in eine falsche Nähe rücken. Spees Dichtkunst ist eindeutig religiös ausgerichtet und kann auch nur von einer ausgesprochen christlichen Sicht aus interpretiert werden. Was auf den Leser wartet, das verkündet schon das Einleitungsgedicht der Trutz-Nachtigal:

> *Trutz-Nachtigal* mans nennet,
>   Jst wund von süssem Pfeil:
> Jn Lieb es lieblich brennet,
>   Wird nie der wunden heil.
> Gelt, Pomp, vnd Pracht auff Erden,
>   Lust, Frewden es verspott,
> Vnd achtets für beschwerden,
>   Sucht nur den schönen Gott.
>
> Nur klinglets, aller orten
>   Von Gott, vnd Gottes Sohn;
> Vnd nur zum Himmelpforten
>   Verweisets allen ton:
> Von Bäum- zun Bäumen springet,
>   Durchstreichet Berg, vnd Thal,
> Jn Feld- vnd Wälden singet,
>   Weiß keiner Noten Zahl.[25]

Viele Christus-Gedichte von Spee verraten eine enge Verbundenheit mit dem Herrn. Es trifft zwar nicht zu, daß „der Marienkult in Spees Frömmigkeit keinen Platz hatte",[26] aber die Jesus-Minne war die Dominante seines Wesens. „Die Gespons Jesu klaget noch ferner ihr Lieb" überschrieb Spee ein Gedicht, in dem es heißt:

---

[25] Ibid., S. 18.
[26] E. Rosenfeld: Neue Studien zur Lyrik von Friedrich Spee, 1963, S. 26.

> O liechter Tunst!
> O kühle Brunst!
> > Wer wolt es ie vermeinen,
> > Daß brenn, vnd kühl, Alß jetzt ich fühl,
> > Die Lieb das Marck in beinen?
>
> Die Lieb ist Feur,
> O Abentheur!
> > Jst Wasser auch im gleichen:
> > Bringt hertzenLeyd,
> > Bringt hertzenfreid;
> > Muß eins dem andren weichen.[27]

Spees Christus-Gedichte sind von einer deutlich spürbaren Gläubigkeit, ja, sogar von einer Inbrunst erfüllt. Seine Trutz-Nachtigal ist eindeutig eine mystische Dichtung. Der Schlüssel dazu findet sich in dem von Spee selbst gezeichneten Titelblatt des Erstdruckes der Trutz-Nachtigal. Er hat eine Gartenlandschaft dargestellt, in der sich der Weg in der Ferne verliert. Damit hat er die Unendlichkeit aufzeigen wollen, die für ihn ein nicht auszuschöpfender Gedanke war. In der Mitte des Bildes malte er einen fließenden Brunnen und zuoberst eine Nachtigall. Er hat sich mit seiner „Trutz-Nachtigal" identifiziert. Im Vordergrund des Bildes hängt der Gekreuzigte mit ausgebreiteten Armen und Flügeln, jedoch nicht an einem Kreuzesbalken, sondern an einem Lebensbaum. Vor dem dornengekrönten Christus kniet eine die christliche Seele symbolisierende weibliche Gestalt. Sie ist von einem Liebespfeil ins Herz getroffen. Nach der mittelalterlichen Deutung des Hohenliedes ist die menschliche Seele durch die Minne mit dem göttlichen Bräutigam verbunden, und damit ist das Urthema der christlichen Mystik gegeben. Die Betrachtung der Zeichnung erweist anschaulich: Spee ist

---

[27] Friedrich Spee: Trutz-Nachtigall, ed. Oorschot, 1985, S. 40.

der Mensch, dessen Herz von der Liebe des Gekreuzigten verwundet wurde. Er hat die Unio mystica mit Jesus erlebt. Daraus ist seine innig zarte Lyrik geflossen. In ihr wallt eine unaufhörliche Liebe, die die gewohnheitsmäßige und beinahe gleichgültige Frömmigkeit der damaligen und der heutigen Zeit weit hinter sich läßt. Spees Beziehung zum Herrn ist von einer brennenden Intensität, die allein dem bräutlichen Liebesabenteuer zwischen der Seele und Gott entspricht. Spee war ein göttlicher Minnesänger wie einst Johannes vom Kreuz. Deswegen dringt nur die mystische und nicht die germanistisch-philologische Würidgung bis zur Mitte seiner Dichtung vor.
Neben seinen Jesusgedichten verfaßte Spee eine Reihe mit dem deutschen Volkslied verbundener Naturlieder, von denen man sagt, „sie gehören in ihrer Mehrzahl zum Schönsten, was die deutsche Lyrik zwischen Walther von der Vogelweide und Christian Günther hervorgebracht hat"[28].

Die Vöglein schön erklingen,
   Die Sonn sich strälet auff:
Die kühle Brünlein springen,
   Die Bächlein seind im lauff.
Die Blümlein zart erspriessen,
   Zur Erden kriechens auß,
Laub Gras herfür auch schiessen.
   Die Pfläntzlein werden krauß.

Adè last trawren fahren
   Zur wilden Wüst hinein,
Bald Wagen her, vnd Kahren,
   Lad auff all quaal, vnd pein,
Führt hin so schnöden wahren
   Weit auß dem hertzen mein,

---

[28] W. Muschg: Pamphlet und Bekenntnis, 1968, S. 70.

Wil Fröligkeit nitt sparen
Beym zarten Sonnenschein.[29]

Von Spee stammen die Worte: „Ach, ach! könnte ich doch nur alle Blätter der Bäume, alle Sandkörnlein des Meeres, alle Sterne des Himmels in lauter Zithern und Harfen verwandeln, die von sich selber spielen und fliegen könnten! Sie müßten mir geschwind alle Himmel durchfliegen, auf das allersüßeste singen, klingen, musizieren und die unaussprechliche Barmherzigkeit und Güte Gottes immerdar preisen"[30]. Spee sang in seiner Lyrik über Blumen und Vögel und stand in einem sympathetischen Verhältnis zur Natur. Seine Liebe zum Schöpfer übertrug er auch auf dessen Schöpfung, der er in beinahe franziskanischer Brüderlichkeit begegnete und „ohne Maßen" zugetan war. Eine Frömmigkeit ohne lebhafte Naturbeziehung ist ein blutleeres Gebilde. Dies ist nicht im Sinne einer Theologia naturalis gemeint, was ein viel zu trockener Begriff wäre. Dem Schöpfer näherte sich Spee über den Weg seiner Schöpfung. Von der Natur stieg er auf zu ihrem Gestalter und Erhalter. Wie den Psalmisten ging es auch ihm um die Freude und um ein Lob Gottes über den Reichtum der Natur. Sie entlockte ihm immer wieder neue Jubelrufe. Vielleicht übersah Spee die Nachtseiten der Natur, die den heutigen Christen innerlich viel zu schaffen machen. Spee konnte es nicht lassen, sich förmlich zu verströmen, und wurde auch nicht müde, immer wieder neu die Schönheit der Natur zu preisen. Er forderte die Engel auf, mit allen Instrumenten herbeizueilen: „Hier muß die Musik himmlisch sein!" „Kein Dichter hat wohl so innig, wie Spee im ‚Güldenen Tugendbuch' und in seiner ‚Trutz-Nachtigall', die verborgenen Stimmen der Natur belauscht und verstanden: wie die Ströme und Wälder und Bächlein emsig zu Gottes

---

[29] Spee: Trutz-Nachtigal, a.a.O., S. 88.
[30] Bernhard Duhr: Friedrich Spe, 1901, S. 42.

Lobe rauschen, und die Vögel von ihm singen, und die geheimnisvolle Sommernacht von ihm träumt; als ob der Finger Gottes leise über die unsichtbaren Saiten der Schöpfung glitte ... Und dieselbe Liebe, die in seinen Liedern in der That trotz Nachtigallen tönt, hat der Dichter auch durch sein Leben bewährt."[31] Eichendorffs Worte sind keine Übertreibung, vielmehr äußert sich in ihnen ein Dichter über einen Dichter, und gerade dies eröffnet noch immer den besten Zugang zu dem barocken Mystiker.
Spee sah sich gedrängt, zuweilen auch dem düsteren Zeitgeschehen und dem Bösen in seinen Liedern Raum zu gewähren.

> Der schöne Mon
> Wil vndergohn,
>   Für Leyd nitt mehr mag scheinen:
> Die Sternen lan
> Ihr glitzen stahn,
>   Mitt Mir sie wollen weinen.
>
> Kein Vogelgesang
> Noch Frewdenklang
>   Man höret in den Lufften;
> die wilden Thier,
> Auch trawren mitt mir,
>   Jn Steinen, vnd in Klufften.[32]

Diese Worte beziehen sich zwar vordergründig nicht auf das Schlachtengetümmel des Dreißigjährigen Krieges. Sie haben es mit dem Leiden des Herrn zu tun, besonders mit Christi Not im Garten von Gethsemane, aber in der Nacht vor der Hinrichtung erlebte Spee in jedem Opfer der Hexenprozesse

---

[31] J. F. Ritter: Friedrich von Spee, 1977, S. 148.
[32] Spee: Trutz-Nachtigal, a.a.O., S. 184/5.

die Ölbergsangst mit, bei der selbst die unvernünftige Natur zu erstarren schien. Es ist die Situation, von der der Evangelist sagte: „Die Erde erbebte, die Felsen zerrissen und die Gräber taten sich auf."[33]

Spee schrieb Gedichte von seltener Innigkeit und Schlichtheit. Dies wird heute allgemein anerkannt. Aber er dichtete auch Verse von unerwartet realistischem Ton, über die man geradezu erschrickt. Es geht um ein beinahe gespenstisches Gespräch, das der sterbende Jesus am Kreuz mit den Nägeln und dem Hammer führt:

> Kommet her zu disem Stammen,
>   Kommet alle menschen kind,
> Höret JESUM allesamen,
>   Er zu klagen starck beginnt.
>
> JESUS *spricht zu den Nägelen.*
>
> Ach! ihr Nägel, stumpffe kägel!
>   Soltet ihr mich hefften an?
> Ihr mich plagen! ihr durchschlagen!
>   Ach! was hab ich euch gethan?
>
> Ich auß nichten alle waffen,
>   Eiser, kupffer, ertz, vnd stahl,
> Euch vnd anders hab erschaffen,
>   Alle berg-werck vnd metall.
>
> Ach wie waret ihr vergessen
>   Aller wolthat in gemein?
> Ach wie waret ihr vermessen?
>   Brachtet mich in dise pein?

---

[33] Mt 27,52.

Ach! wie köndet mich verwunden!
 Euch was hab ich leidens than?
Ach! warumb so lange stunden
 Ihr mich nunmehr haltet an?

Ihr mich ohne massen quelet,
 Ihr mich aller schöpffet auß:
Ihr mich alle kräfften stelet,
 Denck es nit ohn starcken grauß.

Ach ihr vil zu rauhe Nägel,
 Ach der starcken marter mein!
Meine glider zart vnd haigel
 Füllet ihr mit höchster pein.

Antwort der Nägel.

Ach vns armen, vns ellenden!
 Ach! was haben wir gethan?
JESU, wir vns hoch verpfänden,
 Wir nit waren schüldig dran.

Da wir zu den händen kamen,
 Da wir zu den füssen dein,
Warlich wir ein grausen namen,
 Wolten da nit wülen ein.

Deinen Cörper halb erfroren,
 Deine zarte füß vnd händ
Wir mit nichten dorfften boren,
 Hetten vns schon abgewend:

Bald ein grober eisen flegel
 Vber alle flegel hart
Trieb vns arme stumpffe Nägel
 Starck in deine glider zart.

Ach! was wurden wir gedrungen!
 Mögten gar nit widerstahn.

> Wären schier in stuck zersprungen,
> Biß wir endlich müsten gahn.
>
> Drumb nit laß es vns entgelten,
> Wir es dir nit haben than.
> JESU, thu den hammer schelten,
> Thu den hammer klagen an.[34]

Dieses Gedicht wird kaum zitiert; es mußte darauf hingewiesen werden, weil es durch eine Kluft von den vielen harmlosen literarischen Kreuzigungsdarstellungen getrennt ist. Man kennt nicht den ganzen Spee, würde man diese aufschreienden Worte einfach übergehen. Wie sehr hat sich Spee in Jesu Kreuzigung versenkt, wenn er diese Gedanken über den Hammer und den Zimmermann weiterführt! Man erschrickt ob der ungewöhnlichen Verse, die in die letzte Tiefe von Christi Todesnot hinabsteigen. Da wird die Lyrik durch einen Surrealismus gesprengt; eine derart expressive Sprache vernahm die Christenheit einzig noch von Grünewalds Isenheimer-Altar. Das geht auch dem heutigen Leser dermaßen unter die Haut, daß er verstummt.

Natürlich ist dem modernen Menschen Spees Lyrik nicht spontan zugänglich. Sie kommt ihm zu langatmig vor, und wahrscheinlich stört ihn zuweilen auch die darin enthaltene Allegorie. Die zahlreichen Verkleinerungsformen, wie Vöglein, Blümlein usw., entsprechen nicht dem heutigen Lebensgefühl. Spee entrichtete damit dem Barockzeitalter seinen Tribut. Ein Gedicht muß jedoch aus seiner Zeit beurteilt werden. Niemals ist Spee einer Spielerei oder einer süßlichen Schäferposie verfallen. Was dem heutigen Menschen als maniriert oder tändelnd erscheinen mag, verlangt nach einer anderen Deutung. Der Dichter schenkt auch den kleinsten Dingen seine Bewunderung, nicht anders als Adalbert Stifters

---

[34] Friedrich Spee: Güldenes Tugendbuch, ed. Theo G. M. van Oorschot, 1968, S. 414/415.

Dichtung vom „Kleinod in allen Zeiten" zeigt. An sich ist die Forderung richtig: „Man darf diese Lieder freilich nicht in den verwässernden neuhochdeutschen Übersetzungen lesen und sie ihres schönsten Reizes berauben: des wundervoll originellen sprachlichen Tonfalls."[35] Die ursprüngliche Fassung in der barocken Schreibweise erschwert zwar den Zugang, liegen doch zwischen Spee und uns mehr als dreihundertfünfzig Jahre. Aber wenn man sich darauf einläßt, wird man von ihr ergriffen.

Seine Gedichte gehören dem Bereich des Hymnus an. Er will Gott loben – das entspricht seinem innersten Bedürfnis. Mit der Trutz-Nachtigal reihte er sich unter die größten Sänger zum Lobe Gottes ein. Seine Gedichte sollten wegen des hymnusartigen Charakters weniger gelesen als vielmehr gesungen werden. Erst im Gesang spürt man ihre ganze Kraft der Minne.

Spee steht mit seiner Liedkunst ebenbürtig an der Seite seines Zeitgenossen Paul Gerhardt und wirkte auch nachhaltig auf Angelus Silesius. Es ist religiöse Poesie von tiefem Gehalt, voller Freude und Innigkeit. Die Romantiker haben sie zuerst wieder entdeckt, allen voran Clemens Brentano, dem sie zur inneren Umkehr verhalf. Wer von Spee sprechen will, der muß auch von ihm als Dichter reden, weil in seinen Versen seine Persönlichkeit wundervoll zum Ausdruck kommt. Sie ist durch eine höhere Einfalt gekennzeichnet, die mit der Seligpreisung der Unmündigen im Evangelium zusammenhängt. In ihr lebt Spees Mystik. Es ist ein enges Verständnis der Mystik, wenn sie nur mit Ekstasen identifiziert wird. Entrückungen sind Ausnahmezustände; sie sind keineswegs für alle Mystiker kennzeichnend. Echte Mystik besteht in einem besonders innigen, intensiv gesteigerten Christus-Verhältnis, in einer ganz persönlichen Beziehung zwischen dem Menschen und dem Herrn. Die enthusiastische Unmit-

---

35 W. Muschg: Pamphlet und Bekenntnis, 1968, S. 71.

telbarkeit ist bei Spee deutlich wahrnehmbar, und insofern zählt er mit seinen Liedern zu den deutschen Mystikern, die der Kerngruppe der Christenheit angehören.

Heute finden sich Spees Lieder in katholischen und in evangelischen Gesangbüchern. Daß sie in beiden Kirchen gesungen werden, beweist erneut, daß der Dichter bei aller katholischen Gläubigkeit den konfessionellen Graben überbrückt hat. Die echte religiöse Poesie kennt diese Grenzen kaum, und ein Sänger von Gottes Gnaden spricht alle Christen an.

Spee war vom Wert seiner Dichtung überzeugt; er besaß die innere Gewißheit, daß sie ihn überleben werde. Darin täuschte er sich nicht.

> Nach mir will ich verlaßen
> In meinem Testament,
> Ein liedlein schön ohn massen
> Zum Gottes lob verwendt.
> Daß wird noch wol erklingen.
> Ob ich schon storben bin:
> Es werdens andre singen,
> Wan ich schon bin dahin.[36]

Ja, die Menchen singen Spees Lieder weiterhin, und sie werden nicht aufhören, sie zu singen, weil seine Aufforderung

> O Gott, ruff ich von hertzen mein,
> Gelobet muß der Schöpffer sein!!![37]

bis an das Ende der Welt zu Recht besteht.

---

[36] Spee: Güldenes Tugendbuch, a.a.O., S. 473.
[37] Ibid., S. 316.

Die Nacht des Hexenwahns

Die Evangelien berichten mehrfach von Menschen, die von Dämonen besessen waren und deshalb ein schweres Schicksal zu tragen hatten. Die armen Besessenen lagen ohne Kleider in Ketten oder hausten in Grüften. Die Evangelien verzichten auf eine nähere Schilderung und legen den ganzen Nachdruck darauf, daß Jesus mit Vollmacht den Dämonen befahl, aus den Menschen auszufahren, und jene dann auch gehorchten. Die Evangelien leugnen keineswegs die finsteren Mächte, aber wo immer Jesus auftrat, fand die Dämonenherrschaft ein Ende. Selbst seinen Jüngern verlieh er die Kraft, Teufel auszutreiben. Das neue Testament schildert eine lichte Welt, in der dunkle Praktiken keinen Platz haben.

Im ersten Jahrtausend folgte die Christenheit dieser Richtlinie und lehnte die Zauberei eindeutig ab. Auf mehreren Synoden wurde dieses Thema disputiert, und jedesmal erklärte man die Annahme von Zauberkräften als unvereinbar mit dem Christentum. Wer an Hexenkünste glaubte, machte sich der Häresie schuldig. In einem Kanon der Synode von Paderborn (785) heißt es: „Wer vom Teufel geblendet nach Weise der Heiden glaubt, es sei jemand eine Hexe und esse Menschen, und diese Person deshalb verbrennt, der soll mit dem Tode gestraft werden."[38]

Diese Überzeugung änderte sich im Laufe des zweiten Jahrtausends verhängnisvoll. Der Wandlungsprozeß ging unmerklich vor sich und ist in den Einzelphasen kaum nachweisbar. Weder nach Person noch Ort oder Zeit läßt sich festlegen, wo erstmals von Hexenzauberei im bejahenden Sinn gesprochen wurde. Allmählich hielt der Aberglaube, der Mensch könne mit dem Teufel ein Bündnis schließen, seinen Einzug in die Christenheit und nahm im Mittelalter immer

---

[38] Bernhard Duhr: Friedrich Spe, 1901, S. 60.

groteskere Formen an. In der Scholastik wurde die mögliche Existenz von Hexen rein theoretisch erörtert. Selbst eine so ehrwürdige Gestalt wie Thomas von Aquin reflektierte über das Thema und bejahte sogar die Frage, daß ein Mensch mit dem Teufel eine geschlechtliche Verbindung eingehen könne.[39] Noch war das ein rein gedankliches Spiel, zumal der menschliche Intellekt es liebt, abstrakte Spekulationen auszuhecken und mit derartigen Eventualitäten zu spielen. Die Scholastik ist eine zu respektierende Denkbewegung, aber sie huldigt einem starken Intellektualismus, der zuletzt in unfruchtbare Spitzfindigkeiten ausartete. Noch blieb die Annahme von Buhlgeschichten zwischen Dämonen und Frauen auf die Folianten beschränkt, in denen sie am Rande erwähnt wurden und niemandem schaden konnten. Aber Gedanken bleiben selten nur Gedanken; ohne daß es dem Menschen klar wird, ziehen sie unerwartete Folgen nach sich. Es geht nicht an, die schrecklichen Auswirkungen des Hexenglaubens mit wissenschaftlicher Kühle zu betrachten. Die innere Anteilnahme ist eine unerläßliche Voraussetzung.
Die angedeutete Diskussion schlug in grausame Wirklichkeit um, als sich die Inquisition mit dem Problem zu beschäftigen anfing. Ursprünglich hatte sich das Inquisitionsgericht ausschließlich mit der im ausgehenden Mittelalter sich immer mehr ausbreitenden offenkundigen Häresie befaßt. An sich war die Inquisition mit dem Geist des Evangliums unvereinbar. Nach dem heiligen Martin von Tours verstößt jede Hinrichtung eines Ketzers gegen den Willen Christi. Eine fatale Wende trat ein, als der Dominikanerorden mit der Inquisition betraut wurde. Dies war, man kann es schwerlich anders sagen, ein Faustschlag in das Gesicht des Dominikus. Er war während seiner Reise von Spanien nach Deutschland in Frankreich in den Albigenserkrieg hineingeraten und dabei

---

[39] Emil Zenz, in: Anton Arens: Spee im Licht der Wissenschaften, 1984, S. 141.

zur Erkenntnis gelangt, daß die Häretiker durch Überzeugung und nicht durch Waffengewalt überwunden werden müßten. Dieses Erlebnis führte ihn zur Gründung seines Ordens. Er verordnete seinen Söhnen das Studium und die Armut. Sie sollten durch ihr schlichtes Leben und durch ihre Predigten das Ketzertum aus dem Feld schlagen. Nach dieser Devise lebten die Dominikaner auch zunächst. Albertus Magnus ist eine leuchtende Gestalt und verdient seine Beinamen vollauf. Aus dem Dominikanerorden gingen auch tiefsinnige Mystiker hervor wie Meister Eckhart, Johannes Tauler und Heinrich Seuse. Infolge der verständnislosen Verurteilung Meister Eckharts wurde die Beschäftigung mit der dominikanischen Mystik in den Untergrund gedrängt. Bei der Übernahme der Inquisition durch den Orden geriet das Interesse ohnehin auf die andere Bahn, denn Mystik und Inquisition schließen sich gegenseitig aus.
Ein Unheil ohnegleichen bedeutet es, daß die beiden Dominikaner Jakob Sprenger und Heinrich Institoris mit der Inquisition in Deutschland betraut wurden. Beide waren begeisterte Marienverehrer, doch von anormaler Veranlagung und zudem blinde Fanatiker. Sie reisten nach Rom und erbaten vom damaligen Papst eine Bulle gegen das Hexenwesen. An sich war Innozenz VIII. (1483-1494) nicht sonderlich an der Hexenfrage interessiert.[40] Ihm lag vielmehr daran, seine Kinder in vornehme Familien zu verheiraten und ihre Hochzeiten in seinem Palast mit allem Pomp zu feiern. Zudem befand sich der Papst dauernd in finanziellen Schwierigkeiten, die er, mit Hilfe der eingegangenen Verbindung mit dem Sultan, zu überwinden suchte. Auch war er den Streitigkeiten mit dem italienischen Staat nicht gewachsen. Innozenz VIII. war unselbständig, leicht beeinflußbar und entbehrte der religiösen Gesinnung. Er entsprach dem Verlangen der beiden Inquisitoren und unterschrieb die Bulle, ohne sich die

---

40 Vgl. F. X. Seppelt: Geschichte der Päpste, Bd. IV, 1957, S. 369.

Konsequenzen überlegt zu haben. Auf einer Zeichnung Josef Oberbergers läßt der Teufel die Bulle auf den Schreibtischs des Papstes flattern, eine originelle Deutung des Künstlers, die den wahren Ursprung des verhängnisvollen Schriftstükkes aufdeckt. Der Teufel war tatsächlich im Spiel, freilich nicht auf die pervertierte Art, deren man die Hexen bezichtigte, sondern er hatte sich in unvorstellbarer Weise der Richter bemächtigt und sie zu seinen Knechten gemacht. Ohne die finsteren Mächte wäre es nie zu diesem Hexenwahn gekommen. Nur darf man sich darüber nicht in primitiven Bildern ergehen, sonst läuft man fehl. In menschlicher Sprache kann man über die dunklen Gewalten nicht schreiben, geht es doch um eine Wirklichkeit, die viel hintergründiger ist, als es sich die moderne Aufgeklärtheit träumen läßt. Jedenfalls hat nach dem Anspruch Bonifatius' VIII. auf Weltherrschaft keine Bulle der Kirche mehr geschadet als die Hexenbulle von Innozenz VIII. Wie es kam, daß dermaßen verweltlichte Päpste die Kirche regierten, ist ein religiös nicht aufzuhellendes Rätsel.

Die beiden Inquisitoren eilten mit der Bulle nach Deutschland und machten sich sofort an die Arbeit, den Hexenhammer zusammenzustellen, ein Buch des finstersten Aberglaubens. Zum großen Teil besteht es aus willkürlich aus dem Zusammenhang gerissenen Zitaten früherer Schriftsteller, denen die Verfasser zur Illustration abgeschmackte Anekdoten beifügten. Es ist ein Machwerk schlimmster Sorte. Für den Leser bedeuten die seltsamen Argumente eine Zumutung, auch wenn die beiden Autoren von ihren albernen Geschichten überzeugt waren. Der Hexenhammer stieß zunächst auf heftigen Widerstand. Da er jedoch durch die vorangestellte päpstliche Bulle kirchlich legalisiert war, vermochte er sich durchzusetzen und trat einen wahren Siegeszug an. Die Bischöfe wurden angehalten, den Inquisitoren jede Unterstützung zu gewähren. Die beiden Verfasser erbaten sich auch die Approbation von der Universität Köln, und als sie diese nicht erhielten, fälschten sie skrupellos ein entsprechendes Schriftstück. Sie schreckten vor keinem Mittel zurück, um ihr Ziel zu erreichen. Der Hexenhammer lehnte den Gedanken, Hexen seien nur Phantasiegebilde, scharf ab. Wer Hexenkünste bezweifelte, der gehörte gewiß selbst zu den Hexen. Damit war der Teufelskreis geschlossen, und es gab keinen Ausweg. Der unüberwindliche Wahn verblendete die Christenheit für lange Zeit.

Nun begannen die beiden Inquisitoren ungehemmt mit ihrem grausamen Werk der Hexenausrottung. Kein Christenmensch war gegen den Verdacht der Hexerei gefeit; Männer, Frauen und sogar Kinder wurden von ihm erfaßt. Auch hohe Beamte und ehrwürdige Geistliche gerieten in das Räderwerk und wurden erbarmungslos zermalmt.

Die große Mehrheit der Opfer waren Frauen. Die Striga, die Frau als Hexe, bildete das eigentliche Thema des Hexenhammers. Nach seiner Meinung „ist das Weib nur ein unvollkommenes Wesen"[41].

Mit Genugtuung wurden alle geringschätzigen Aussagen der Kirchenväter über die Frau zitiert. „Die Frau ist von Natur schlecht"[42], und „die Welt hat unter der Bosheit der Weiber zu leiden"[43].

Nach den beiden Autoren des Hexenhammers ist „die fleischliche Begierde der Frauen unersättlich"[44].

In diesem Stil liest man seitenlang weiter. Die beiden Verfasser können sich nicht genugtun in der perversen Schilderung, wie der Teufel den Frauen beiwohne und mit ihnen alle Formen von Unzucht treibe. Hier drängt sich die tiefenpsy-

---

[41] Jakob Sprenger und Heinrich Institoris: Der Hexenhammer, ed. J. W. R. Schmidt, 1980, S. 99. Wenn Schmidt schreibt: „nur ein unvollkommenes Tier", so ist ihm hier ein sinnentstellender Übersetzungsfehler unterlaufen.

[42] Ibid., S. 100.

[43] Ibid., S. 104.

[44] Ibid., S. 106.

chologische Folgerung förmlich auf: Sie verabscheuen, was sie sich unbewußt wünschten. Offensichtlich waren die beiden Verfasser von der Gestalt des Weibes geradezu besessen und ließen ihrer krankhaften Phantasie freien Lauf. Da ihnen das natürliche Verhältnis zur Frau verwehrt war, stellten sie sich alle Perversitäten vor, die sich ein verdorbener Mensch nur denken konnte. Der Hexenhammer wird von einer bösartigen Frauenfeindschaft bestimmt, die das Thema Frau und Kirche für lange Zeit unheilvoll belastete.

Der Hexenhammer blieb keine bloße, abwegige Theorie, sondern führte immer wieder zu neuen großen Verfolgungen. Die Inquisitoren wurden zu förmlichen Hexenjägern. Der Hexenprozeß war keine spätmittelalterliche Zeiterscheinung, erfolgte doch die stärkste Ausbreitung erst in der beginnenden Neuzeit.

Wenn die Inquisitoren, oft hoch zu Roß, in eine Ortschaft einzogen, forderten sie die Einwohner auf, der Zauberei verdächtige Personen anzuzeigen. Mit dem Hexenprozeß ist das Spitzelwesen verbunden; das Denunziantentum blühte und war durch die zugesicherte Anonymität geschützt. War eine Anzeige eingegangen, schritt man zur Verhaftung. Damit hatte der Hexenprozeß begonnen. Zuerst fragte man die Angeklagte, ob sie an die Existenz der Hexen glaube. Verneinte sie die Frage, war sie schon als Ketzerin überführt. Bejahte sie aber die Frage, mußte sie sofort Auskunft geben über ihre Beziehung zum Teufel. Man wollte viele infame und widernatürliche Dinge von der angeblichen Hexe wissen: Wie lange es her sei, daß sie in das hochverdammte Laster der Hexerei geraten, und wie oft sie durch die Luft geritten sei. Auf welche Weise sie beim Hexentanz mit dem Teufel gebuhlt habe. Ob der Teufel außer bei den Hexentänzen sonst noch zu ihr gekommen sei. Natürlich bestritten die Angeklagten diese absurden Unterstellungen, was ihnen jedoch gar nichts half. Alles Beteuern nützte ihnen nichts, auch wenn sie ihre Unschuld mit einem Eid bekräftigten. Dies wurde als besonders verwerfliche Lüge angesehen. Hierauf entkleidete man die Frau, und die Henkersknechte begannen nach dem verborgenen Hexenzeichen zu suchen, das der Teufel seinen Ergebenen aufpräge. Eine Warze oder ein Muttermal bewertete man als Teufelszeichen. Fanden sie kein Zeichen, brannten die Rohlinge den Opfern mit einer Fackel die Schamhaare weg, in der Annahme, es sei darunter verborgen. Spee bezeichnete dieses Vorgehen als „eine Erfindung ausschweifender Wüstlinge, nicht ehrbarer Richter"[45]. Dann führte man die Angeklagte in die Folterkammer, zeigte ihr die verschiedenen Folterwerkzeuge und wie sie gebraucht werden. Bei diesem Anblick fragte man sie nochmals, ob sie nun zu einem Geständnis bereit sei. Beteuerte sie wiederum ihre Unschuld, begannen die Folterknechte mit der Tortur. Man stieß ihr einen Knebel in den Mund, um sie am Schreien zu hindern. Mehrstündige Folterungen waren nicht ungewöhnlich. Man erspare mir die weiteren Schilderungen der unmenschlichen Quälereien, da sich die Feder sträubt, das namenlose Leid niederzuschreiben. Die Aussage besteht zu Recht: „Ohne die Folter wäre der Hexenprozeß niemals das geworden, als was er in der Geschichte der Menschheit dasteht. Die Tortur war der Hauptnerv aller Beweisführung, und die Folter war das eigentliche Symbol des Hexenprozesses."[46]

Die Folterung hatte zudem weiterreichende seelische Folgen. Sowohl die Gemarterte als auch ihre Angehörigen zu Hause beteten mit Inbrunst, Gott möge ihre Unschuld bezeugen. Aber ach, all diese stillen und lauten Gebete verhallten ungehört. Keine höhere Hand griff ein, und nur selten gelang es gesellschaftlich hochstehenden Verwandten, den unmenschlichen Folterungen Einhalt zu gebieten. Der berühmte Kepler vermochte seine angeklagte Mutter aus den

---

[45] Friedrich Spee: Cautio Criminalis, ed. J. F. Ritter, 1982, S. 156.

[46] Soldau-Heppe: Geschichte der Hexenprozesse, ed. Max Bauer, Bd. I, 3. Aufl. 1911, S. 340.

Klauen der Inquisitoren zu retten, was eine ganz seltene Ausnahme war. Unter der furchtbaren Marterung und halb irrsinnig vor Schmerzen, flüchteten sich die meisten Frauen in das Geständnis: Ja, wir haben mit dem Teufel schamlose Unzucht getrieben, wir haben mit Zauberkünsten vielen Mitmenschen Schaden zugefügt, und wir haben dies alles nicht allein getan, sondern es haben uns noch andere Frauen geholfen. Der Inquisitor aber verlangte deren Namen unbedingt zu erfahren. Ganz vereinzelt gab es Frauen, die alle Torturen ertrugen, ohne ein Geständnis abzulegen. Darin sah man jedoch weder Unschuld noch beispielhafte Tapferkeit. Man war überzeugt, die Gepeinigten seien verstockt, und es gelinge ihnen nur mit Hilfe des Teufels, standhaft zu bleiben. Andere wiederum fielen vor Schmerzen in Ohnmacht, was man euphemistisch schlafen nannte, oder sie starben, weil man ihnen das Genick brach. In den meisten Fällen lautete das Schlußurteil: Tod durch Verbrennung. Einen Verteidiger gab es ebensowenig wie eine Appellation. Der Ankläger war mit dem Richter identisch. Es war ein Verfahren, das aller Rechtsordnung spottete. In ihm gab es nur Grausamkeit ohne jedes geringste Erbarmen. War ein Mensch einmal angezeigt, galt er auch schon für verloren. Er war vom Mahlstrom erfaßt, und daraus gab es für ihn kein Entrinnen. Der dunklen Nacht der Hexenprozesse fielen Hunderttausende zum Opfer; die genaue Zahl ist unbekannt.

Gewiß waren nicht alle angeklagten Frauen unbescholten. Kupplerinnen, Prostituierte, Giftmischerinnen waren dabei, doch bei den meisten Opfern handelte es sich um völlig ahnungslose Frauen, die nichts Unrechtes getan hatten. Unter ihnen wurden sogar Heilige gewissenlos dem Moloch geopfert. Daß man eine so lichtvolle Gestalt wie die heilige Jeanne d'Arc der Hexerei bezichtigen konnte, zeigt die verbrecherische Absurdität der Hexenanklage. Die Jungfrau von Orléans starb auf dem Scheiterhaufen, vor dem ein Brett mit den Worten angebracht war: „Johanna, die sich la puçelle nannte, Lügnerin, Verruchte, Hexe, Gotteslästerin usw.".

Eine rational einleuchtende Erklärung für den Hexenwahn gibt es nicht. Verdrängte Sexualität, sadistische Veranlagung, pathologischer Frauenhaß sind nur Teilaspekte. Er ist einer Seuche vergleichbar, die bald da und bald dort aufflammte, in verheerender Weise um sich griff, dann wieder verschwand, um an anderen Orten um so wütender aufzutreten. Hexenglaube und Hexenverfolgung waren unbegreifliche Wahnvorstellungen, sei es nun im Sinne eines überdimensionierten Größen- oder eines Verfolgungswahns, auf jeden Fall waren sie eine Form von Geisteskrankheit. Der Wahn steigerte sich zum hellen Wahnsinn. Man greift sich an den Kopf, weil alles Verstehen aufhört. Eine unheimliche Angst bemächtigte sich der Menschen und vergiftete alle Lebensverhältnisse. Die Angst war damals kein intellektuelles Problem, indem man etwa den „Begriff der Angst" richtig zu definieren versucht hätte. Vielmehr war die Angst durch den Hexenwahn zu einem allgegenwärtigen Gespenst geworden. Niemand wußte, ob er selbst nicht auch denunziert und abgeführt würde. Jedermann fürchtete sich vor seinem Nachbarn, so daß es zu unbeschreiblichen Szenen kam. Der Hexenwahn war eine ganz schwere Erkrankung der christlichen Seele, nicht weniger furchtbar als die körperliche Erkrankung durch die Pest. Da er nicht als unheimliche Seelenerkrankung erkannt wurde, dauerte die Leidenszeit der Hexenausrottung lange an. Wegen der schwerwiegenden Erkrankung der christlichen Seele vermochten weder die Reformation noch die Gegenreformation jene innere Erneuerung des Christentums zu bewirken, die man von ihnen erhoffte. „Ein fauler Baum kann nicht gute Früchte bringen"[47] – dieser Satz Christi gilt für das ganze Zeitalter des Massenwahns. Beide Bewegungen endigten in den unchristlichen Religionskriegen, zu denen die bestialische Hexenverfolgung der entsprechende Begleittext war.

---

[47] Mt 7,18.

Der Beichtvater tritt auf

Im Jahre 1627 lebte in Köln Katharina Henoth, die Tochter eines kaiserlichen Postmeisters, dessen Amt sie nach seinem Tode weiterführte. Sie war eine Patrizierin, eine Dame von Ansehen, die in den besten Kreisen der Stadt verkehrte. In jungen Jahren verwitwet, führte Katharina ihrem Bruder, einem Domherrn, den Haushalt. Eines Tages verschrie eine geistesgestörte Profeß-Schwester des Klosters St. Clara grundlos Katharina Henoth als Hexe, so daß man sie ins Gefängnis überführte und dort schrecklich folterte. Katharina Henoth bestritt jede Hexerei, erduldete die härtesten Marterungen und beteuerte in allen Torturen ihre Unschuld. Die Verwandtschaft setzte sich für sie ein, vermochte aber die Vollstreckung des Todesurteils nicht zu verhindern, das der hexengläubige Ferdinand von Bayern bestätigt hatte. Übel zugerichtet brachte man Katharina Henoth auf einem Karren zur Richtstätte, wo sie vom Henker erdrosselt und darauf in einer Strohhütte verbrannt wurde. Die Tragödie erregte in Köln großes Aufsehen. Wahrhaftig, die unschuldig Ermordete darf ihrer tapferen Festigkeit wegen ihrer Namenspatronin Katharina von Alexandrien als Märtyrerin des Hexenwahnes an die Seite gestellt werden.
Ein halbes Jahr nach der Hinrichtung Katharinas kam Friedrich Spee als Gymnasiallehrer nach Köln. Das grausame, die ganze Stadt aufwühlende Ereignis war immer noch Tischgespräch bei den Jesuiten. Zwei Patres hatten die Unglückliche auf ihrer Todesfahrt verhöhnt, weil sie von deren Schuld überzeugt waren. Andere Patres sahen in diesem Prozeß einen schweren Justizmord. Spee hörte den hitzigen Gesprächen aufmerksam zu; die Verurteilung einer bis zum letzten Augenblick ihre Unschuld beteuernden Frau senkte sich tief in seine Seele.
Einige Zeit danach bestimmte der Orden Friedrich von Spee

zum Beichtvater der verurteilten Hexen, da er sich bereits als Volksmissionar bewährt hatte. Mit dieser Aufgabe näherte sich Spees Lebenslauf seinem Höhepunkt. Ihre Erfüllung hat „das wunderbare Licht über seine Gestalt gegossen, das uns heute noch an ihr erschüttert"[48].

Immer wenn Spee ein Gefängnis betrat, bot sich ihm ein erschreckender Anblick. Tatsächlich waren die damaligen Kerker kalte, nur spärlich vom Tageslicht erhellte Löcher. Die angeklagten Frauen lagen auf einem Häuflein angefaulten Strohs, das voll Ungeziefer war. Nachts wurden sie von Ratten heimgesucht. Keine menschliche Stimme drang zu ihnen. Oft mußten sie lange auf ihren Prozeß warten. Seelisch befanden sich die körperlich schrecklich zugerichteten Frauen im Zustand äußerster Verzweiflung. Sie blickten den schwarzgekleideten Mann mit größtem Mißtrauen an. Es war Spees erste Aufgabe, diese Wand des Mißtrauens zu durchbrechen und den mißhandelten Frauen zu beweisen, daß sie von ihm nichts zu befürchten hatten. Dann forderte er sie auf, vor ihrem Tod noch ihre letzte Beichte abzulegen. Sie spürten bald, daß der vor ihnen stehende Pater es gut mit ihnen meinte, worauf sie ihr Mißtrauen überwanden und beichteten.

Sofern es ihre ausgerenkten und zerschundenen Glieder erlaubten, knieten sie vor Spee nieder und begannen mit ihrer Beichte. Sie gestanden sofort, gelogen zu haben, denn alles, was sie vor den Inquisitoren ausgesagt hätten, sei nicht wahr. Sie seien keine Hexen, nie seien sie auf einem Besen zum Hexentanzplatz geflogen, nie hätten sie mit dem Teufel zusammen gebuhlt, um Zauberkräfte zu empfangen, und nie hätten sie einem Nachbarn Schaden zugefügt. Dies alles hätten sie nur unter den unerträglichen Schmerzen und Folterungen gestanden und zuletzt, um den nicht auszuhaltenden Qualen ein Ende zu bereiten, den Henkern einfach

---

[48] W. Muschg: Pamphlet und Bekenntnis, 1968, S. 68.

das gesagt, was diese hören wollten. Betroffen hörte Spee diese Beichtgeständnisse an und stand unter dem Eindruck, die reine Wahrheit zu erfahren. Nicht nur eine Frau beteuerte ihm ihre Unschuld, sondern alle, ohne Ausnahme, widerriefen ihre Aussagen. Dabei hatten die beichtenden Frauen von ihm keine Errettung zu erhoffen; ihnen ging es nur darum, vor dem Angesicht Gottes, vor dem sie bald erscheinen würden, den wahren Sachverhalt richtigzustellen. Die verurteilten Frauen beteuerten nachdrücklich ihre Unschuld, beklagten sich bitter über die Bosheit der Richter und über die Brutalität der Henkersknechte. Spee vermochte auch nicht die Spur von teuflischen Zauberkünsten zu entdecken und schauderte vor dem Abgrund menschlicher Grausamkeit zurück. Die Gefolterten litten unter Gewissensvorwürfen, weil sie unter dem Druck der furchtbaren Tortur die Namen unschuldiger Frauen preisgegeben hatten. Auch diese würden nun das gleiche Schicksal erleiden. Sie fragten den Beichtvater, ob sie deswegen nun verdammt seien. Der Seelsorger versicherte ihnen, daß sie wegen der erpreßten Denunziation nicht der Verdammnis anheimfallen würden, und erteilte ihnen für ihre Sünden die Absolution. Damit aber war ihre innere Not nicht überwunden. Die angeblichen Hexen befanden sich in einer namenlosen Verzweiflung. Viele Frauen wollten wissen, warum sie dieses schreckliche Schicksal erleiden müßten, da sie sich doch stets eines frommen Lebenswandels befleißigt hätten. Spee war nicht imstande, seinen gequälten Opfern zu sagen, warum Gott die unsäglichen Schmerzen über sie verhängt hatte. Auf diese schwere Frage nach dem Warum wußte Spee keine Antwort, denn auch ihm war es nicht möglich, in diesem grauenhaften Unsinn noch irgendeinen Sinn wahrzunehmen. Er wußte nur auf die Geheimnisse Gottes hinzuweisen, die erst in der Ewigkeit offenbar werden. Wahrscheinlich waren auch die armen Geschöpfe seelisch so verstört, daß sie seinen hilflosen Ausführungen gar nicht mehr zu folgen vermochten.
Eines tat not: Trost. Wie aber trösten, wenn das echte

Trostwort sich nicht einstellen wollte? Unmöglich konnte er den armen Opfern sagen, wo Leiden sei, sei auch immer Gott anwesend, und nur jener könne äußere Wunden empfangen, der im Inneren verwundet sei. Forderte er sie auf, die Vergangenheit hinter sich zu lassen und dem großen Licht entgegenzusehen, das auf sie warte? Wären solche Worte nicht bloße literarische Bewältigungsversuche gewesen? Angesichts der konkreten Gefängnissituation hätten die Frauen sie wie Hohn empfunden, und dessen machte sich Spee nicht schuldig. Wie der Beichtvater die unschuldig angeklagten Frauen tröstete, ist dokumentarisch nicht überliefert. Wahrscheinlich ist er mehr als einmal einfach verstummt, da er nicht, wie die Freunde Hiobs, zu den „leidigen Tröstern" gehören wollte, die Gott mit Unrecht verteidigen.

Mit der Abnahme der Beichte war das traurige Amt Spees nicht beendet. Es folgte die Vollstreckung des Urteils. Spees Aufgabe bestand darin, die Verurteilten auf ihrem letzten Gang zu begleiten. Der Seelsorger saß neben ihnen auf dem Karren, der sie zum Richtplatz fuhr. Hilflos mußte er zuschauen, wie die leiblich und seelisch Geschändeten an den Pfahl gebunden und bei lebendigem Leib verbrannt wurden. Die Frauen schauten mit ihrem letzten Blick auf den Beichtvater und baten in ihrer Todesangst um Beistand. Nie gab es zwischen Menschen eine traurigere Augensprache. Was dachten die Opfer in ihrer Todesnot? Welche Empfindungen durchdrangen Spee, wenn er sah, wie die Flammen an den armen Opfern emporloderten und sie im Rauch erstickten? Die nicht auszudenkende Situation entzieht sich aller Beschreibung. Spee gestand: „Man wird sich leicht ausmalen können, mit was für Gefühlen ich solch bejammernswerten Tod mitangesehen habe."[49] Die Qual, für die es keinen Namen gibt, erdrückte ihn seelisch. Wahr-

---

[49] Spee: Cautio Criminals, a. a. O., S. 31.

scheinlich empfand Spee ähnlich wie Kardinal Newman: „Der Anblick eines spanischen Autodafés wäre mein Tod gewesen."[50]

Erst wenn nur noch ein Aschenhaufen übrigblieb, ging Spee nach Hause. Auf ihn warteten furchtbare Nächte. Der Schlaf wollte und wollte sich nicht einstellen. Ihm war so schwer zumute, daß er glaubte, nie mehr fröhlich sein zu können. Er, der gefühlvoll mit aller Kreatur verbunden war, sah sich einem seelischen Elend ohnegleichen ausgesetzt. Nicht nur die grausamen Schreckensbilder der Verbrennung bei lebendigem Leibe verfolgten ihn, sondern es quälte ihn auch der Gedanke, daß Unschuldige hingerichtet wurden. Dieses Unfaßliche vermochte er nicht zu verarbeiten. Er selbst schrieb über das nächtliche Grauen: „Gott weiß es, wie oft ich das unter tiefen Seufzern in durchwachten Nächten überdacht habe, und mir doch kein Mittel einfallen wollte, der Wucht der öffentlichen Meinung Einhalt zu gebieten."[51] Spee fühlte seine Hilflosigkeit, stöhnte unter seiner Ohnmacht, die ihm schon bei der Abnahme der Beichten quälend zu Bewußtsein gekommen war. Gab es denn wirklich keine Möglichkeit, dieser Massentötung Einhalt zu gebieten? Mußte man der Ermordung Tausender tatenlos zuschauen? Wie nur konnte man dem Unrecht entgegentreten, wie es aus der Welt schaffen? Spee schrie auf: „Sehet da Deutschland, so vieler Hexen Mutter; ist es ein Wunder, wenn sie sich vor Kummer die Augen ausgeweint hat, so daß sie nichts mehr zu sehen vermag? O Blindheit unseres Volkes!"[52] Ein unaussprechlicher Gram legte sich auf seine Seele. Das Amt des Beichtvaters war für ihn keine routinemäßige Pflichtübung, nein, er war mit seiner ganzen Person dabei und fühlte den unausdenkbaren Schmerz der Opfer als seinen eigenen Schmerz.

---

[50] J. H. Newman: Apologia pro vita sua, 1922, S. 63.
[51] Spee: Cautio Criminalis, a. a. O., S. 93.
[52] Ibid., S. 102.

Spees seelische Erschütterung wird in einer von Leibniz überlieferten Szene deutlich. Johann Philipp von Schönborn – späterer Fürstbischof von Mainz – fragte einmal Pater Spee, warum er in seinem jugendlichen Alter schon graue Haare habe. Darauf antwortete Spee, daß sie von den Sorgen um die vielen Hexen gekommen seien, die er zum Tode vorbereitet und zur Hinrichtung habe begleiten müssen. Spee war kein Heldentum im fernen Indien beschieden, wie er es sich in seiner jugendlichen Sehnsucht erträumt hatte, sondern ihm war ein seelisches Martyrium in seinem Heimatland bestimmt, das ihn zu einer großen Gestalt der verborgenen Gegengeschichte werden ließ.

Das große Mahnbuch

Spee war nicht gewillt, sich tatenlos dem Schmerz zu überlassen. Das bloße Wühlen in der Qual führt zu nichts. Der Pater war auch ein viel zu aktiver Mensch, um sich mit einem passiven Verhalten zu begnügen. Er rüstete sich zum Kampf gegen die Geißel seiner Zeit: den Hexenwahn. Unablässig fühlte er sich aufgerufen, etwas gegen das Übel zu unternehmen. Spee suchte zunächst selbst die Hexen in den schmutzigen Kerkern auf, erbat sich die Erlaubnis, bei den Verhören anwesend zu sein, überzeugte sich selbst vom sadistischen Umgang der Henkersknechte mit den wehrlosen Frauen, unter denen es neben Schwachsinnigen, die des besonderen Schutzes bedurft hätten, auch überaus würdige Personen gab. Spee versuchte auch mit den Richtern ins Gespräch zu kommen, was ihm freilich nicht recht gelang. Sie waren so stark in ihrem Wahn befangen, daß sie nicht das geringste Verständnis für seine Fragen hatten und auch seine Gewissensnöte nicht verstanden. Der Pater war sprachlos darüber, daß christliche Theologen und Juristen den durch die Folter verursachten Massenmord förderten.

Zuletzt wußte sich Spee nicht anders zu helfen, als seine Gedanken schriftlich niederzulegen. Vermutlich begann er damit in Köln, arbeitete zwei Jahre daran und vollendete das Werk 1630. Es war ein handlicher Band von knapp vierhundert Oktavseiten. Das in lateinischer Sprache geschriebene Buch trug den Titel „Cautio Criminalis", den man sinngemäß mit „Rechtliche Bedenken wegen der Hexenprozesse" übersetzt. Die Drucklegung ging eilig voran, weshalb viele Druckfehler stehenblieben, aber im Mai 1631 war das Werk auf dem Markt und bald in vielen Händen. Selbst für Spee war es ein ungwöhnliches Buch. Während die „Trutz-Nachtigal" voll süßer Gefühlstöne ist, überwiegt in der „Cautio Criminalis" die klare Vernunft mit ihrer scharfsinnigen Folgerung. Die beiden Bücher zeigen die Gegensätze, die Spee in sich zu vereinigen vermochte.

Spee war nicht der erste, der gegen die Hexenprozesse schrieb. Während die Vorläufer sich in einem gelehrten, wenig verständlichen Ton darüber verbreiteten, verfuhr Spee ganz anders. Er war nicht der Meinung, man müsse in einem distanzierten Ton schreiben, damit die gelehrte Objektivität gewahrt bleibe. Hinter dem kühlen Unbeteiligtsein, das die Wissenschaftlichkeit beweisen soll, verbirgt sich, kritisch gesehen, oft nur Verlegenheit: Man will nicht Stellung beziehen und flüchtet sich in eine angebliche Neutralität, die es im Grunde gar nicht gibt. Nicht so Spee. Sein Buch ist bei aller juristischen Argumentation emotional geschrieben und zeugt von seiner innersten Anteilnahme. Die „Cautio Criminalis" drängt auf eine persönliche Entscheidung; sie spricht den Leser öfters an und zieht ihn mit in die Auseinandersetzung hinein. Das ganze Buch verrät Glut und Lebendigkeit, die es so vorteilhaft von den gelehrten, oft langweiligen Schmökern unterscheidet. Spee schrieb mit verwundetem Herzen; das heiße Feuer seiner Wahrheitsleidenschaft diktierte ihm die Sätze, weswegen die „Cautio Criminalis" so frisch wirkt, als wäre sie erst gestern geschrieben worden. Er wollte ganz bewußt ein Mahnbuch schreiben und setzte ihm deshalb den anklagenden Vers aus dem Prediger Salomo als Motto voran: „Und noch anderes sah ich unter der Sonne: an der Stätte des Rechts, da war das Unrecht, und an der Stätte der Gerechtigkeit, da war der Frevel."[53]

Doch ist die „Cautio Criminalis" keineswegs nur vom Gefühl diktiert. Spee argumentierte außerordentlich geschickt; sein jesuitisch geschulter Scharfsinn half ihm da vortrefflich. Er erging sich nicht wie der „Hexenhammer" in albernen Geschichtlein. Auch berief er sich selten auf Autoritäten, höchstens auf den „hochbedeutenden, umsichtigen" Adam Tanner aus Tirol, den angesehenen Dogmatiker des Jesuitenordens, der ein Vorläufer Spees war.[54] Spee läßt „die gesunde Vernunft"[55] sprechen. Der Pater schätzte den Verstand und machte von ihm auch ausgiebig Gebrauch. Trotzdem war er kein Rationalist, der die Vernunft zur letzten Instanz erhob. War er ein Aufklärer vor der Aufklärung? Nein, denn auch andere Männer seiner Zeit beriefen sich auf „die helle Vernunft". Christlich gesehen ist die Vernunft eine Gabe Gottes, wenn sie auch eine Trübung erfahren hat. In den Sprüchen Salomos heißt es: „Eine Leuchte des Herrn ist des Menschen Geist."[56] Natürlich kann die Vernunft auch mißbraucht werden; man kennt einen verdorbenen Verstand, aber „die gesunde Vernunft", richtig eingesetzt, ist vom Logos erleuchtet. Gefühl und Vernunft arbeiteten bei der Entstehung der „Cautio Criminalis" zusammen: „Die Nächstenliebe verzehrt mich und brennt wie Feuer in meinem Herzen; sie treibt mich an, mich mit vollem Eifer dafür ins

---

[53] Koh 3,16.

[54] Spee: Cautio Criminalis, a. a. O., S. 11, 23, 30, 39, 48, 67, 77, 102, 218.

[55] Ibid., S. 6, 7, 128.

[56] Spr 20,27.

Mittel zu legen."⁵⁷ Spee dachte viel über das Thema nach und versuchte es zu ergründen. Er betete, Gott „möge „einen Lichtstrahl herabsenden und uns zeigen, wie das Dunkel zerstreut werden könnte"⁵⁸. Die „Cautio Criminalis" ist durch Tränen, ja „Bäche von Tränen"⁵⁹ entstanden, was man nicht von vielen Büchern sagen kann. Bei aller Klugheit hatte Spee an der Sprache der Tränen Anteil. Sie ist eine Sprache besonderer Art und verlangt höchsten Respekt. Aus diesem Grunde ist nach Spees Worten „dieses ganze Buch aufmerksam zu lesen und sein Inhalt immer wieder in Zwiesprache mit Gott zu überdenken"⁶⁰. Damit nannte der Verfasser selbst die Haltung, in der sein wuchtiges Mahnbuch sinngemäß zur Hand genommen werden sollte. Spee verzichtete ganz bewußt auf alles Sensationelle und Aufreizende; sein Appell an das Gewissen ist dominierend, und sein Ruf zur Besinnung brachte einen bis dahin noch nie vernommenen Ton in die Hexendiskussion. Spee wollte mit seinem Buch eine „Zwiesprache mit Gott", das will besagen, er wünschte, daß man es betend und verantwortungsbewußt lese. Mit diesem hohen Anspruch befindet sich die „Cautio Criminalis" auf ausgesprochen religiösem Boden. Unter dieser Voraussetzung wird sie im Sinne des Autors richtig gelesen. Noch eine Vorfrage ist abzuklären. Spee räumte anscheinend die Möglichkeit der Hexerei ein. Auf die Frage, ob es wirklich Hexen gebe, meinte er, es sei nicht seine Aufgabe, dabei zu verweilen. Die ausweichende Antwort wird ihm von manchen heutigen Lesern übelgenommen. Zu Unrecht. Der Vorwurf berücksichtigt nicht die Zeitumstände, in denen Spee geschrieben hat. Damals galt die Leugnung der Hexerei als erstes Kennzeichen der Hexenkunst. Mehr als ein Mann vor

---

[57] Spee: Cautio Criminalis, a.a.O., S. 135; vgl. S. 151.
[58] Ibid., S. 9.
[59] Ibid., S. 125.
[60] Ibid., S. 153.

Spee, der sich dem Hexenprozeß entgegenstellte, mußte, wie Cornelius Loos, unter den Qualen der Folter widerrufen oder, wie der Kanzler Dr. Georg Haan in Bamberg, unschuldig den Flammentod erleiden. Daß Spee die Frage nach der Wirklichkeit der Hexen offenließ, geschah aus rein taktischen Gründen. Er mußte äußerst vorsichtig operieren, wenn er nicht sich selbst in Gefahr bringen wollte. Persönlich bin ich überzeugt, daß Spee selbst nicht an die Existenz von Hexen glaubte, aber er durfte dies noch nicht öffentlich aussprechen. Er schrieb: „Ich weiß, was ich sage, wenn auch zur Zeit noch vieles verschwiegen werden muß."[61] Zu dem, was jetzt noch nicht gesagt werden durfte, gehörte die prinzipielle Bestreitung der Wirklichkeit der Hexen. Er bemerkte, was er selbst von Hexensabbaten halte, werde er „ein andermal kundtun"[62]. Sich Zurückhaltung aufzuerlegen, war sowohl klug als notwendig. Es grenzt ohnehin an ein Wunder, daß Spee selbst nicht in das Räderwerk des Hexenprozesses geraten ist. Dies lag durchaus im Bereich der Möglichkeiten. Daß er dem grausamen Schicksal entgangen ist, verdankt er der Vorsehung, seinem überaus geschickten Vorgehen und nicht zuletzt seinem Provinzialoberen Goswin Nickel, der selbst gegen den Ordensgeneral zu ihm hielt.

Der Jesuitenpater gab sich nicht mit den Symptomen des Hexenwahns zufrieden. Er fragte nach den Ursachen der Hexenverfolgungen und nannte „Unwissenheit und Aberglauben", „Neid und Mißgunst"[63], „Verleumdung, Ehrabschneiderei, heimliches Gerede und dergleichen".[64] Er erkannte, welch große Rolle der Neid im Leben der Menschen spielt, und nicht minder, daß die Christen viel zuwenig den Kampf gegen den Aberglauben aufgenommen hatten.

---

[61] Ibid., S. 232.
[62] Ibid., S. 250.
[63] Ibid., S. 3 und 4.
[64] Ibid., S. 279.

Spee war einer der ersten, der auf die Macht der öffentlichen Meinung aufmerksam geworden war, einer Macht, der sich die meisten Menschen widerstandslos unterwerfen. Unermüdlich kämpft er gegen vorgefaßte Meinungen. Offenbar gibt der Mensch höchst widerwillig seine eingefleischten Vorurteile preis. Sie kleben an ihm wie die Haut am Leibe. In einem dreifachen Vorstoß trieb Spee seine Bedenken gegen die Hexenprozesse voran.

Zunächst wandte er sich mit aller Schärfe gegen die Inquisition, die er als „selbstherrlich und unsorgfältig" erklärt.[65] Er erhob den schweren Vorwurf, sie trinke sich „satt am Blute der Armen, das sie bis zum letzten Tropfen aussaugt"[66]. Wenn der Christ etwas von den „Tiefen des Satans" ahnt, ist er genötigt zu sagen: Die Inquisition ist vom Teufel erfunden; sie ist eine Institution des Bösen und spottet jedem Gerechtigkeitssinn. Wer in ihre Hände geriet, dem war es beinahe unmöglich, sich wieder zu befreien. Wie eine Fliege im Spinnennetz war er rettungslos gefangen und wurde zuletzt verschlungen. Die Inquisition wurde vom Mammon regiert, und ihren Richtern „eine nach der Kopfzahl der Verurteilten bestimmte Summe festgesetzt, so z. B. vier oder fünf Taler für jeden Schuldigen"[67]. Da sie kein festes Gehalt bezogen, waren die Inquisitoren am Gelde interessiert und fällten deshalb möglichst viele Todesurteile. Sie besorgten ihr Geschäft gründlich. Nach Spees Urteil schuf die gefürchtete Inquisition die Hexen, niemand anderer!

Zum zweiten wandte er sich leidenschaftlich gegen die Auffassung, die Hexerei sei ein Sonderverbrechen, denn damit war sie der ordentlichen Gerichtsbarkeit entzogen. Bei einem gewöhnlichen Prozeß war dem Angeklagten ein Verteidiger beigegeben, hier aber war jeder Verteidiger ausgeschlossen,

---

[65] Ibid., S. 18.
[66] Ibid., S. 23.
[67] Ibid., S. 13.

und die Angeklagten kannten sich in den Gesetzen nicht aus und blieben sich allein überlassen. Zudem waren Ankläger und Richter in den Sonderprozessen ein- und dieselbe Person, was ein objektives Urteil ausschloß. Nach Spee ist es doch „ganz einfach ein Satz des Naturrechts, daß du dich verteidigen darfst, solange dir noch keine Schuld nachgewiesen ist"[68].

Sein Hauptkampf richtete sich gegen die Folter; er nannte sie das Kernübel. Die Tortur ist etwas Ungeheuerliches. Nur ganz ausnahmsweise vermag ein Mensch mit starken Nerven die Schmerzen auszuhalten. Schon eine Folterung von einer Viertelstunde ist kaum durchzustehen, geschweige denn, wenn sie, wie damals, auf eine Stunde ausgedehnt wurde. Es gab verschiedene Grade der Folterung. Der erste Grad bestand in der Anwendung von Daumenschrauben, beim zweiten Grad mußte sich das Opfer auf einem mit scharfen Nägeln beschlagenen Holzbrett wälzen, und im dritten Grad brannte man die Menschen mit Pechfackeln usw. Die Folterung war nach Spee kein Mittel, die Wahrheit zu ergründen. Die Henkersknechte handelten zudem eigenmächtig, und keine Grausamkeit war ihnen grausam genug. Mit Folterwerkzeugen kann man von Menschen alles erzwingen: „Auf, greift Kapuziner, Jesuiten, alle Ordenspersonen und foltert sie, sie werden gestehen."[69] Mit einer Wucht ohnegleichen trat Spee als scharfer Ankläger auf und erwies sich als ein wahrer Verteidiger der Menschenrechte. Die Qual der Folter war so groß, daß Spee der angeblichen Hexe den Rat gab: „Unglückliche, was hast du gehofft? Warum hast du dich nicht gleich beim ersten Betreten des Kerkers für schuldig erklärt? Törichtes, verblendetes Weib, warum willst du den Tod so viele Male erleiden, wo du es nur einmal zu tun brauchst? Nimm meinen Rat an, erkläre dich noch vor aller

---

[68] Ibid., S. 60.
[69] Ibid., S. 96.

Marter für schuldig und stirb. Entrinnen wirst du nicht. Das ist letzten Endes die unselige Folge des frommen Eifers Deutschlands."[70] Spees mutige Ausführungen waren von aufwühlender Wirkung und führten schließlich zum Verbot der Folter. Die Aufklärung rühmte sich, mit der Folter aufgeräumt zu haben, und war auf diese Tat stolz. Das Selbstlob aber kam zu früh. War die Folter endlich zur Vordertür hinausbefördert worden, kam sie nach einigen Jahrzehnten zur Hintertüre wieder herein. In der Gegenwart, die sich einbildet, wer weiß wie fortschrittlich zu sein, und verächtlich vom finsteren Mittelalter spricht, wird in vielen Staaten mehr denn je gefoltert – wahrscheinlich auch in der gegenwärtigen Stunde. Die Sadisten verzichten trotz aller Protestversammlungen nie auf die Folter – das weiß der Teufel ganz genau.

Der Jesuitenpater ging mit vier Ständen scharf ins Gericht. Er klagte die Fürsten an, die die himmelschreienden Grausamkeiten in ihren Landen nicht nur duldeten, sondern die Inquisitoren sogar oft herbeiriefen, ohne sich näher um ihr Tun zu kümmern. „Es ist wirklich zum Lachen! Der Fürst schüttelt alle Sorge und Mühe ab und schiebt die Verantwortung seinen Beamten zu. Die Beamten wieder entledigen sich ihrer und schieben die Verantwortung dem Fürsten zu … Was ist das für ein Zirkel? Wer aber wird es vor Gott zu verantworten haben? Denn wo die Beamten zusehen sollen und der Fürst zusehen soll, da sieht gar keiner zu."[71] Während zu jener Zeit die prächtig gekleideten, auf Burgen wohnenden Fürsten glaubten, wegen ihres blauen Blutes höhere Wesen zu sein, denen sich die gewöhnlichen Leute nur demütig nähern durften, scheute sich Spee nicht, ihnen ihr Versagen vorzuhalten. Er hielt ihnen einen Spiegel vor Augen, indem er schrieb: „Gewiß würde kein deutscher Edelmann es ertragen

---

[70] Ibid., S. 286.
[71] Ibid., S. 22.

können, daß man seinen Jagdhund so zerfleischte. Wer soll es da ertragen, daß ein Mensch so vielmals gepeinigt wird?"[72] Wahrhaftig, Spee war kein serviler Fürstenknecht, der zu schmeicheln wußte, sondern sagte ihnen frei ins Gesicht: „Soviel die Fürsten auch noch verbrennen mögen, sie werden es doch nicht ausbrennen, sofern sie nicht alles verbrennen."[73] Er klagte die Fürsten an, daß sie dies alles schon gehört und dennoch gechwiegen hätten. Mitten im Zeitalter des Absolutismus rief ihnen Spee die schauervollen Worte zu:„ Wehe den Fürsten und zweimal wehe den Fürsten!"[74]
Die zweite Anklage erhob Spee gegen die Juristen. Er hegte keine grundsätzliche Abneigung gegen diesen Beruf, hat er es doch mit der Frage nach Recht und Gereichtigkeit zu tun, also mit hohen Dingen. Freilich dachten die „hochweisen Rechtsgelehrten mit ihrem ruhmredigen Wortschwall" nur daran, ihre eigene Tätigkeit in einem guten Licht darzustellen. Spee beschuldigte sie, sich nur auf bloße Gerüchte und fragwürdige Indizien zu stützen und während der Folterungen in einer Stube nebenan dem Schmaus und Trunk zu frönen. Dazu gesellten sich Dummheit, Kurzsichtigkeit und ein sträflicher Übereifer der Richter. Spee nahm den Kampf mit den Juristen auf, die da behaupteten, sie würden die Folter nicht wiederholen, sondern nur fortsetzen, was er als einen bloßen Sophismus entlarvte. Tatsächlich lag das Rechtswesen in der zerrütteten Zeit des Dreißigjährigen Krieges im argen, was niemand besser wußte als Spee.
Ebenso unerbittlich schrieb er gegen die Geistlichkeit, den Stand, dem er selbst angehörte. Zwar wußte Spee: Es gibt Geistliche und Geistliche. Die Inquisitoren waren Priester, was ihre Schuld noch vergrößerte. Zum Teil waren es unwissende, grobschlächtige Priester, die sich nach Spee in den

---

[72] Ibid., S. 98.
[73] Ibid., S. 9.
[74] Ibid., S. 88.

Kerkern noch unleidlicher aufführten als die Henkersknechte. Es gab Beichtväter, die nur Schuldgeständnisse hören wollten, und wenn die Gefolterten dazu nicht willens waren, vernahmen sie die unbarmherzigen Worte, daß sie „eben ohne Beichte und heiliges Abendmahl wie die Hunde verrecken sollten"[75]. Die Theologen hörten nicht auf, die Frauen zur Schlachtbank zu schleppen, obwohl Spee ihnen hart ins Gewissen redete: „Mit Menschenblut darf man nicht Kurzweil treiben und unsere Köpfe sind keine Spielbälle, mit denen man so ohne weiteres zum Vergnügen leichtfertig um sich werfen darf."[76] Die Inquisitoren waren studierte Leute, dies aber hinderte Spee nicht, ihnen Beschränktheit vorzuwerfen: „Sie sind freilich gewohnt, in Ruhe und Behaglichkeit hinter dem Ofen ihren Gedanken nachzuhängen und philosophieren recht kindisch über Dinge, von denen sie nichts verstehen."[77] Er beschuldigte die Geistlichen der Unwissenheit, des Mangels an Urteilsfähigkeit, des Übereifers und kam zu dem Schluß: „Es gibt ja etliche Dummköpfe in diesem Stande"[78]. Jedenfalls ist es erschreckend, wie wenig selbständig denkende Menschen sich unter ihnen befinden und wie bereitwillig sie sich immer der Zeitströmung angepaßt haben. Keineswegs klagte Spee nur Fürsten, Juristen und Geistliche an. Er war sich auch darüber klar, welche verhängnisvolle Rolle im Hexenprozeß der „neidische und niederträchtige Pöbel spielte, der sich ungestraft überall mit Verleumdungen an seinen Feinden rächt und seiner Schwatzhaftigkeit nur durch Verunglimpfungen Genüge tun kann"[79]. Spee wußte um die Macht der allgemeinen, unkontrollierbaren Volksmeinung und stand ihr nicht weniger kritisch gegenüber als den

---

[75] Ibid., S. 77.
[76] Ibid., S. 134.
[77] Ibid., S. 95/6.
[78] Ibid., S. 174.
[79] Ibid., S. 47.

Ansichten der tonangebenden Schichten. Er war unabhängig und schrieb: „Mir gefallen die Geister, die nicht immer alles für unzweifelhaft wahr halten, woran das gemeine Volk glaubt."[80]

Durch das ganze Buch zieht sich die Klage Spees über seine Zeit: „In was für unglücklichen, unwissenden Zeiten leben wir doch!"[81] Er sprach dies besonders im Hinblick auf Deutschland aus. „Beim Gedanken hieran hat mich mehr als einmal ein Schauder über diese unerhörte Blindheit der Deutschen gepackt."[82] Deutschland war Spees Vaterland; er fühlte sich mit seinem Land verbunden, und gerade deswegen litt er unter den deutschen Zuständen doppelt: „In anderen Ländern ist man vorsichtiger, und wir sollten uns schämen, ihnen hierin nachzustehen"[83]. Spee zählt mit Hölderlin, Nietzsche und anderen zu den Deutschen, die aus Liebe zu ihrem Lande die härtesten Urteile über ihre Landsleute gefällt haben. Man muß Spees Schmerz nachfühlen, um sein Erschrecken über seine Zeit und sein Land zu verstehen.

Was Spee innerlich am stärksten aufbrachte, war, daß man „Schuldlose für schuldig hält"[84]. Während der grobschlächtige Beichtvater der heiligen Elisabeth von Thüringen, der Inquisitor Konrad von Marburg, den Grundsatz aufstellte, man solle eher hundert Schuldlose verbrennen als einen Schuldigen unbestraft zu lassen, kehrte Spee diesen unheilvollen Satz gerade ins Gegenteil um: „Es ist besser, dreißig und noch mehr Schuldige laufen zu lassen, als auch nur einen Unschuldigen zu bestrafen."[85] Nachdrücklich versicherte

---

[80] Ibid., S. 256.
[81] Ibid., S. 78.
[82] Ibid., S. 92/93.
[83] Ibid., S. 4.
[84] Ibid., S. 32.
[85] Ibid., S. 40.

Spee: „Wir halten das Evangelium in Händen."[86] Diese Aussage war keine fromme Phrase. Er dachte und schrieb vom Evangelium aus, was seiner Schrift die ungewöhnliche Höhe verlieh. Mehrfach erinnerte er an das Gleichnis vom Unkraut unter dem Weizen und an Jesu Aufforderung: „Lasset beides miteinander wachsen bis zur Ernte."[87] Als ein vom Evangelium ergriffener Mensch war er zutiefst bestürzt, daß in Deutschland allerorts die Scheiterhaufen rauchten und „ganze Dörfer ausgerottet werden"[88]. Er nannte die Hexenprozesse einen öffentlichen Skandal der Christenheit und war nicht gewillt, ihn hinzunehmen.

Spee schloß dann auch sein Buch mit den Worten: „Es gebührt mir nicht, unter denen zu sein, die der Prophet stumme Hunde heißt, die nicht zu bellen wissen."[89] Er wollte sich nicht dem Vorwurf des Propheten Jesaja aussetzen, der die Wächter seines Volkes der Blindheit und der Verantwortungslosigkeit bezichtigte und sie stumme Hunde schalt, die nicht bellen können.[90] Wahrhaftig, Spee hat gebellt, und zwar laut gebellt; es war unmöglich, ihn zu überhören. Wie kein anderer in seiner Zeit legte er Protest ein, deutlichen, scharfen und unmißverständlichen Protest. Sein Warnungsbuch sollte seine Zeitgenossen zur Besinnung bringen und ihnen alle Entschuldigungsgründe aus den Händen schlagen. Sie konnten nun nicht mehr sagen, sie hätten von den Verbrechen der Hexenprozesse nichts gewußt. Alle fadenscheinigen Ausflüchte waren ihnen genommen. Spee hatte sie unzweideutig gewarnt. Sollten sich nun die Menschen um die Wahrheit kümmern oder seine Mahnung in den Wind schlagen, so hatten sie die volle Verantwortung zu tragen.

---

[86] Ibid., S. 49.
[87] Mt 13,24/30.
[88] Spee: Cautio Criminalis, a.a.O., S. 11.
[89] Ibid., S. 289.
[90] Jes 56,10.

Spees „Cautio Criminalis" verdient uneingeschränkte Anerkennung. Mit Recht wurde das Werk „ein Juwel unter den zahlreichen Schriften des 16. und 17. Jahrhunderts" genannt.[91] Wenn man Spees Buch, das nichts von seiner Frische verloren hat, heute liest, freut man sich überaus, daß mitten in der Nacht des Hexenwahns ein Mann es wagt, ein helles Licht anzuzünden. Das Herz frohlockt über die tapfere Tat. Mit allem Bedacht schreibe ich: Die „Cautio Criminalis" ist ein mutiges Buch und zudem ein unbedingt notwendiges Buch. Es ist vor allem ein tief menschliches und nicht zuletzt ein echt christliches Buch. Es gibt nicht viele Erzeugnisse auf dem unübersehbaren Büchermarkt, denen man dieses vierfache Lob spenden kann, und das in dem Gefühl, immer noch viel zu wenig gesagt zu haben. Wegen der „Cautio Criminalis" verdient Spee die gleiche Ehrenbezeichnung, die das Neue Testament Johannes dem Täufer zulegte: „eine Stimme in der Wüste".[92]

Im Streit der Meinungen

Spee hielt es nicht für ratsam, sein Manuskript seinem Vorgesetzten zu unterbreiten, um das Imprimatur zu erhalten, wie es für einen Jesuiten sonst Pflicht war. Er wußte aus seiner früheren Erfahrung, daß er es doch nicht bekommen würde. Der Pater umging somit die Ordenszensur. In dieser Beziehung war er nicht gehorsam.
Die Vorsicht gebot ihm außerdem, das Buch nicht mit seinem Namen zu zeichnen. Auf dem Titelblatt stand lediglich: „Von

---

[91] Peter Krämer, in: Anton Arens: Spee im Licht der Wissenschaften, 1984, S. 177.

[92] Emmy Rosenfeld: Friedrich Spee von Langenfeld, 1958, S. 256.

einem ungenannten römischen Theologen". Der Verfasser blieb anonym, was keineswegs feige war. Vielmehr war es klug, zunächst in Deckung zu bleiben, doch als seine Verfasserschaft durchsickerte, verleugnete er sein Werk nicht. Er stand zu ihm und weigerte sich, es zu widerrufen.
Das Werk, das Spee selbst nicht als vollendet ansah, wurde vom protestantischen Universitätsbuchdrucker Peter Lucius in Rinteln an der Weser entgegengenommen und gedruckt, vielleicht ohne Wissen und aller Wahrscheinlichkeit nach ohne direkte Beteiligung des Verfassers, aber letztlich doch nicht gegen dessen Willen. Obwohl das Buch in lateinischer Sprache geschrieben war und somit den meisten Laien unzugänglich blieb, war es in kurzer Zeit vergriffen. Bald erschien eine zweite Auflage, und hernach wurde das Werk ins Deutsche und in mehrere fremde Sprachen übersetzt.
Während Spee zu seinen Lebzeiten in der Öffentlichkeit nicht als Verfasser der „Cautio Criminalis" erkannt wurde, wußte man in kirchlichen Kreisen bald, er sei der Autor. Der Provinzial meldete dem General, Spee habe das Buch verfaßt und es sei ohne sein Zutun veröffentlicht worden. Der General war wenig erfreut, sich wieder mit Spee beschäftigen zu müssen. Er wünschte zu wissen, inwieweit Spee Schuld an der Veröffentlichung treffe, und wie der Drucker in den Besitz des Manuskriptes gekommen sei. Der Provinzial antwortete ihm, es handle sich um einen „frommen Diebstahl". Der Name des frommen Diebes blieb bis heute unbekannt, wahrscheinlich gehörte er Spees näherem Freundeskreise an. Der General sah von einer Bestrafung ab und legte Spee nahe, künftig seine Schriften besser zu verwahren. Auch gab er ihm die Weisung, das Buch bei einer zweiten Auflage zu reinigen, eine Aufforderung, der Spee nicht nachkam. Dies geschah nicht etwa aus Widerspruchsgeist, sondern weil er die Notwendigkeit einer deutlichen Sprache erkannt hatte. Darüber war der General erneut ungehalten und verfügte, Provinzial Nickel möge unter Umständen Spee aus dem Orden entlassen. Der kluge Provinzial Nickel, der

später General wurde, tat dies jedoch nicht, weil er Spee sehr schätzte und offenbar seine Auffassung teilte.

Innerhalb des Ordens entbrannte eine rege Diskussion über das Buch. Die Gesellschaft Jesu war in der Hexenfrage geteilter Meinung. Es gab Jesuiten, die sich eindeutig gegen die Hexenprozesse aussprachen. Spee wußte dies natürlich und hat deren Namen auch in seinem Werk angeführt. Sie erkannten ihn als ihren Wortführer an und sprachen sich auch nach seinem Tode in diesem Sinne aus. Andere Jesuiten wiederum verteidigten die Hexenverfolgung und beteiligten sich sogar daran. Der Weihbischof J. Pelking nannte die „Cautio Criminalis" das „allerverderblichste Buch"[93]. Man forderte seine Indizierung, wodurch es für die katholische Bevölkerung wirkungslos geworden wäre. Doch die Gegner vermochten sich nicht durchzusetzen, und der Ordensgeneral verbot ihnen sogar ausdrücklich, das Buch auf die Liste der unerlaubten Werke zu bringen. Auch ihrem Ersuchen, der Verfasser solle freiwillig aus dem Orden ausscheiden, kam Spee nicht nach. Er blieb bis zuletzt in der Gesellschaft Jesu, zumal er in seinem Denken ein überzeugter Jesuit war. Natürlich war er nicht immer ein bequemer Sohn des Ordens, dem es vor allem wichtig gewesen wäre, bei den Oberen gut angeschrieben zu sein. Die selbständig denkenden Jesuiten sind doch oft gerade die hervorragendsten Ordensmitglieder. Spee handelte bei der Niederschrift seines Buches nicht aus Lust und Laune. Er war kein Mensch des Eigenwillens. Gewiß verletzte er mit seiner Veröffentlichung die Gehorsamspflicht, der man im Orden eine große Bedeutung beimaß. Das darf man nicht verschweigen. Spee befand sich jedoch in einer Konfliktsituation: Sollte er gehorsam sein oder der Stimme des Gewissens folgen? Er hätte kein Jesuit sein müssen, um das Dilemma nicht in der ganzen Schwere zu

---

[93] Theo van Oorschot, in: Anton Arens: Spee im Licht der Wissenschaften, 1984, S. 12.

fühlen. Auch nach katholischer Lehre ist das Gewissen die letzte Instanz, der der Mensch verpflichtet ist. Spee gehorchte seinem Gewissen und ordnete ihm den Ordensgehorsam unter. Solche Gewissenskonflikte gab es immer wieder innerhalb der Gesellschaft Jesu – und keineswegs nur in ihr –, darüber können sich höchstens Außenstehende verwundern, die vom Ordensleben keine nähere Vorstellung haben. Viele Jesuiten wissen um solche Spannungen und sind auch bereit, sie in aller Ehrlichkeit auszutragen, wie dies in unserer Zeit zum Beispiel Teilhard de Chardin bewiesen hat. Derartige Gewissenskonflikte sprechen nicht gegen den Orden, im Gegenteil, sie sind ein Zeugnis für seine Lebendigkeit.
Die „Cautio Criminalis" stieß zunächst auf Widerspruch. Viele Leser waren über das Buch empört. Allzu stark rüttelte es an der festzementierten Annahme des Hexenwahnes. Die Juristen sahen darin einen Angriff auf Recht und Gesetz und witterten eine Untergrabung von Staat und Religion. Calvinistische und katholische Theologen wie auch freigeistige Juristen hingen dem Hexenwahn an. Zustimmung und Ablehnung gingen quer durch alle Konfessionen und Parteien. Das kühne Werk fand aber auch mannigfache Anerkennung. All die Familien, die unter der Verfolgung zu leiden hatten, waren von einem tiefen Abscheu gegen die Hexenprozesse erfüllt. Ihnen sprach Spee aus der Seele; sie sahen in ihm den Kämpfer gegen die kollektive Wahnidee. Im übrigen darf die „Cautio Criminalis" nicht nach den ersten Reaktionen beurteilt werden, sondern ist in den geschichtlichen Verlauf einzuordnen. Schon vor Spee schrieb der protestantische Arzt Johannes Weyer „Von den Blendwerken der Dämonen, von Zauberei und Hexerei" und erklärte sie als Produkt einer krankhaften Phantasie. Sein Buch fand Beachtung, doch war er gezwungen, sich durch Flucht vor dem Hexenprozeß zu retten. Nach Spee schrieb der reformierte Theologe Balthasar Bekker in Holland sein berühmtes Buch „Die bezauberte Welt" und mußte es ebenfalls mit dem Verlust seines Pfarramtes und dem Ausschluß vom Abendmahl bezahlen. In diese

Phalanx von Kämpfern gegen den Hexenwahn ist Spee einzuordnen; dann begreift man sein Buch als das Werk eines Mannes, der das Gebot der Stunde verstanden hat.

Einer der ersten Männer, die für Spee eintraten, war der protestantische Theologe Johann Matthäus Meyfart. Die Nachwelt verdankt ihm nicht nur das schöne Lied „Jerusalem, du hochgebaute Stadt", sondern auch eine freie Übersetzung der „Cautio Criminalis". Auch der schwedische Feldprediger Seifert stieß sich nicht an Spees katholischer Konfession und übersetzte ebenfalls sein Werk. Fünfzig Jahre nach Spees Tod gab Leibniz dessen Autorschaft der Öffentlichkeit bekannt. Leibniz beschäftigte sich immer wieder mit Spee, rühmte den vortrefflichen Mann und wies auf sein Werk hin, das auch den Kurfürst und Erzbischof von Mainz veranlaßt habe, die Hexenverbrennung abzuschaffen.[94] Von Leibniz beeinflußt war Christian Thomasius, der durch Spee dazu kam, seinen Hexenglauben als reinen Wahn radikal abzulegen. Er schrieb: „Spee hat die Ungerechtigkeit der Hexenprozesse so klar vor Augen gestellt, daß er mit Recht den Verteidigern dieser Prozesse unter den Evangelischen die Schamröte ins Gesicht treiben muß."[95] Auch die Katholiken begannen Spee zu rühmen; nach Görres hat er eine zehnfache Bürgerkrone verdient. Mit dem Verbot der Folter erloschen die Scheiterhaufen von selbst. Spee hat mit seiner „Cautio Criminalis" den Hexenverfolgungen nicht schlagartig, aber langfristig gesehen ein Ende bereitet. Ein Sohn der Kirche hat eine überaus verhängnisvolle Entscheidung der Kirche korrigiert. Sein flehentliches Gebet ging schließlich in Erfüllung: „O du allermiltester Herr Jesu, wie kanstu leyden, daß deine creaturen also jämmerlich gepeiniget werden? Ich bitte dich durch das rosenfarbe blut, so aus deinem zarten fronleichnam für uns arme Sünder geflossen ist, komme doch zu hülff allen

---

[94] Vgl. Bernhard Duhr: Friedrich Spe, 1901, S. 123.
[95] Ibid., S. 122.

unschüldigen, bedrangten, daß sie nicht verzweifflen, und erleuchte die hohe Obrigkeit, daß sie woll sehen was sie machen, und die gerechtigkeit nicht in eine grausamkeit und gottlosigkeit verkehrt werde."[96]

Mitten im Straßenkampf

Spee war kein langes Leben beschieden. Er beschloß es mit einer eindrucksvollen Bezeugung seiner Nächstenliebe, die einer Krönung seines Daseins glich.
Der Orden bestellte ihn zum dritten Male als Moraltheologen und verfügte ihn diesmal nach Trier. Der Pater kam gehorsam dem Befehl nach und begann in der alten Stadt erneut seine Lehrtätigkeit. Trier wurde jedoch damals zum Spielball zwischen den französischen und den kaiserlichen Truppen. Durch den Verrat des Kurfürsten konnten die Franzosen die Stadt besetzen. Sie hausten übel darin, doch eines Nachts vermochten die kaiserlichen Truppen wieder in die Stadt einzudringen, worauf es noch vor Tagesanbruch innerhalb der Mauern zu einer heftigen Straßenschlacht zwischen den verwilderten Söldnern kam, in der Mann gegen Mann kämpfte. Gegen vier Uhr morgens hörte Spee den Schlachtenlärm und verließ sofort das Kolleg. Er griff nicht zu den Waffen, um sich an den erbitterten Kämpfen zu beteiligen. Das war ihm als Priester verboten. Doch warf er sich mitten ins Kampfgewühl, trug die jammernden Verwundeten hinweg, Freunde wie Feinde, und spendete den Sterbenden das Sakrament, ohne sich um den tobenden Waffenlärm zu kümmern. Er hat sich auch in dieser unheilvollen Situation als Seelsorger großen Stils bewährt. Sein priesterliches Gewand

---

[96] Friedrich Spee: Güldenes Tugend-Buch, a.a.O., S. 355.

schützte ihn davor, daß ein Soldat die Waffen gegen ihn richtete oder sich seinem Tun in den Weg stellte. Nach einigen Stunden war der Kampf zugunsten der kaiserlichen Truppen entschieden.
Spee setzte sich für den freien Abzug der verhaßten Franzosen ein, da sie nur eine Belastung für die überfüllte Stadt seien. Er sammelte Kleider für sie und half ihnen wacker, was viele Trierer nicht verstanden. Bald danach brach in der Stadt die Pest aus. Wiederum setzte sich Spee mutig ein und pflegte im Hospital auch die Pestkranken. Ohne Angst vor Ansteckung war er bis zuletzt erfüllt von Nächstenliebe und Sorge um die Seelen. Dann ereilte ihn das Schicksal: das Pestfieber befiel auch ihn. Am 7. August 1635 starb Friedrich von Spee, erst 44 Jahre alt. Er wurde in der Krypta der Jesuitenkirche in Trier beigesetzt.
Dann blieb es lange still um Friedrich von Spee. Erst im 19. und 20. Jahrhundert erwachte ein neues Interesse an ihm. Es erschienen vortreffliche Biographien. In unserer Zeit nannte Anton Arens in einer Meditation zu HAP Grieshabers Holzschnitt Spee „einen Engel der Geschichte" und eröffnete damit eine wundersame neue Sicht des Paters, die an Tiefe unüberbietbar ist.[97] Tatsächlich war Spee eine engelhafte Lichtgestalt, die in der Finsternis seiner Zeit aufleuchtete.
Sein Grab war lange verschollen. Im Jahre 1980 stieß man bei Grabungen in der Krypta der Jesuitenkirche auf seine letzte Ruhestätte. Sie wurde eindeutig identifiziert. Es ist geboten, zu Spees Grab zu wallfahren, um dieses Menschen der Ewigkeit stets aufs neue zu gedenken.

---

[97] Anton Arens: Friedrich Spee von Langenfeld, 1981, S. 111.

Einer, der die Wahrheit sagt

Die Hexenprozesse stellen den Christen vor das Problem der Vergangenheitsbewältigung. Fehlentscheidungen zu korrigieren gehört zu den Aufgaben, die immer wieder in Angriff genommen werden müssen, wenn sie auch selten völlig gelingen. Verfehlungen dürfen nicht ignoriert werden, weil seelische Verdrängungen sich rächen. Es ist falsch, einfach nicht mehr darüber zu reden, mit der Absicht, sie zu vergessen. Man muß sie innerlich verarbeiten, wenn nicht, kehren sie in anderer Form wieder.
Der Hexenglaube ist eines der dunkelsten Kapitel in der Geschichte der Christenheit. Die Kirchen haben hierin nicht nur schwer geirrt, sondern durch diesen Massenmord eine erdrückende Schuld auf sich geladen, für die sie weder Buße noch Sühne getan haben. „Eine ausdrückliche Distanzierung von den päpstlichen Entscheidungen, durch die kirchliche Hexenprozesse ermöglicht wurden, ist bis heute jedoch nicht erfolgt",[98] schrieb der Kirchenrechtler Peter Krämer – eine wahrhaft beschämende Feststellung. Mit Vertuschung bewältigt man die Tötung so vieler Menschen nicht. Die Christen müssen die schwere Schuld offen zugeben und dürfen sie nicht verharmlosen. Es ist nicht statthaft, nur die Lichtseiten der Kirche, wie sie sich in den Heiligen und Mystikern, in ihren karitativen Werken und grandiosen Kathedralen, kurz, in der ganzen Begründung des christlichen Abendlandes dokumentiert, hervorzuheben, die dunklen Nachtseiten jedoch zu verdrängen. Beide Seiten gehören zum Erbe der Christenheit, dessen Größe und Elend immer aufs neue zu bedenken sind. Jedenfalls steht den Kirchen ein ehrliches Eingeständnis besser an als

---

[98] Peter Krämer, in: Anton Arens: Spee im Licht der Wissenschaften, 1984, S. 168.

die apologetische Verharmlosung, die weder Wahrheitsliebe noch Bußgesinnung verrät.

Keine Bewältigung der Hexenprozesse ist es, wenn sie als Zankapfel zwischen den Konfessionen hin- und hergeschoben werden. Gewiß lastet auf der katholischen Kirche eine schwere moralische Schuld, weil Papst Innozenz VIII. den Hexenhammer mit einer Bulle legalisierte. Aber es ist falsch, daraus eine Kontroverswaffe gegen die katholische Kirche zu schmieden, denn der Protestantismus, der so viele katholische Gebräuche beseitigte, hat ausgerechnet den Hexenhammer ungeprüft übernommen. Die Reformatoren haben sich gar nicht gefragt, ob der Hexenprozeß mit dem Evangelium vereinbar sei. Als ob es das Selbstverständlichste der Welt wäre, haben sie sich an den Hexenhammer gehalten, eine der großen Unbegreiflichkeiten der Reformationsgeschichte. Luther hielt völlig unkritisch am Hexenglauben fest, und Calvin verbrannte in Genf mehr Hexen als zuvor.[99] Die Hexenbrände wüteten in den nordischen Ländern viel stärker als in Italien, Spanien und Frankreich. Die beiden Konfessionen haben sich hierin nicht das geringste vorzuwerfen; sie sind allzumal Sünder und ermangeln des Ruhmes, den sie vor Gott haben sollten. Es liegt durchaus eine gemeinsame Schuld vor. Man kommt Christi Aufforderung „Tut Buße" nicht nach, wenn man nur den andern des Vergehens bezichtigt. Es ist unchristlich, eine Schuld durch eine Beschuldigung aus der Welt zu schaffen.

Der Versuch, die mannigfachen Triebfedern des Hexenglaubens zu analysieren, will dem Problem wissenschaftlich und nicht existentiell beikommen. Damit wird es in den intellektuellen Raum verlagert. Bei der Hexenfrage geht es eindeutig um kollektive Wahnvorstellungen, verbunden mit primitiven Angstgefühlen. In einer Zeit, „wo Wahn die Weisen treibet

---

[99] Vgl. F. W. Kampschulte: Johann Calvin, seine Kirche und sein Staat in Genf, Bd. I, 1869, S. 426.

und Trug die Klugen prellt" (E. M. Arndt), bemächtigen sich der Menschen immer wieder ganz abstruse Gedanken, die sie völlig umnebeln. Wahnvorstellungen, ob Größenwahn oder Verfolgungswahn, sind stets krankhafte Erscheinungen. Ballen sie sich zu einem Massenwahn zusammen, geschehen unvorstellbare Dinge. Wie leicht können Demagogen eine unübersehbare Menge durch Schlagworte verführen und fanatisieren. Zu allen Zeiten ist der Pöbel den Rattenfängern nachgelaufen. Gegen Massensuggestion ist äußerst schwer anzukommen; es wälzt sich eine außer Kontrolle geratene Masse dahin und begräbt alles unter sich. Man kann gar nicht nüchtern und kritisch genug sein gegen alle Großveranstaltungen. Der Gruppenzwang ist eine völlig unberechenbare Erscheinung, und niemand vermag zu sagen, was aus ihm hervorgeht. Der Massenwahn ist ein irrationales Phänomen und treibt, wie etwa die Geißlerzüge, die Veitstänzer usw. zeigen, die Menschen in die Sinnlosigkeit hinein. Christus sagte: „Wo zwei oder drei in meinem Namen versammelt sind, bin ich mitten unter ihnen", aber er sprach kein Wort von Großversammlungen, in denen meist der eine den andern ansteckt und alles zuletzt in bloßem Stimmungstaumel endet. Die gefährliche Möglichkeit des Massenwahns kann jederzeit wieder virulent werden. Es ist reine Einbildung, zu glauben, den Hexenwahn für alle Zeiten besiegt zu haben. Die Atheisten sehen in ihm ein Produkt des „finsteren Spätmittelalters" und verkennen dabei das Mittelalter wie auch die schweren Verirrungen in der Neuzeit. Natürlich tritt der Hexenwahn nicht in der gleichen Gestalt, sondern in anderer Form wieder auf.

In unserer aufgeklärten und fortschrittlich eingestellten Generation ist ein geisteskranker Verbrecher dem Wahn verfallen, die jüdische Rasse auszurotten, und hat den Irrsinn auf bestialische Art in die Tat umgesetzt. Ein gigantisches, schlechterdings unbegreifliches Verbrechen! Der Holocaust ist die Hexenverfolgung des 20. Jahrhunderts. Der gleiche Schrecken wurde verbreitet und erregte überall Angst. Nie-

mand vermochte gegen die Hitlerpest mit ihrer brutalen Ermordung von Millionen unschuldiger Menschen anzukommen. Der Antisemitismus führt zuletzt immer zu einer beispiellosen Bluttat und ist nie eine bloße Weltanschauung. Es war der gleiche Wahn, nur mit dem Unterschied, daß er statt der vermeintlichen Hexen die Juden traf. Die Parallele springt in die Augen und kann gar nicht deutlicher sein: Die Judenverfolgung war der neue Hexenwahn unserer Zeit.
Ein anderer gefährlicher Wahn der modernen Generation ist die Ideologie-Besessenheit, die irgendeine links- oder rechtslastige Theorie der Wahrheit gleichsetzt. Die heutigen Menschen sind besonders stark für Ideologien anfällig, huldigen ihnen in blindem Glauben und verunmöglichen jedes sachliche Gespräch. Die Ideologien richten undurchlässige Mauern auf, und die von ihnen verblendete Jugend verliert jede Selbstkritik, brüllt Schlagworte in die Welt hinaus und schreckt weder vor Attentaten noch vor Terror zurück. Wenn der Totalitarismus an die Macht gelangt, liquidiert er kaltblütig die Gegner, ohne sich Rechenschaft zu geben, daß liquidieren morden heißt. Der Ideologiewahn ist um nichts besser als der Hexenwahn. Er hat sich nur einen anderen Deckmantel zugelegt, ist aber eine Geißel der modernen Zeit.
Unruhig fragt man sich, ob man gegen den offenen oder getarnten Massenwahn denn gar nichts tun könne. Auch hier hat Spee den Weg gewiesen. Er setzte seinem Buch das Seneca-Zitat als Motto voraus: „Ich will dir zeigen, was den großen Herren mangelt, und was denen fehlt, die alles besitzen: Einer, der die Wahrheit spricht."[100] Damit rührt man an das tiefste Geheimnis von Spee. Das Wort vom einen, der die Wahrheit sagt, steht wie ein Felsblock da. Man kommt nicht schnell an ihm vorbei. Der einzelne ist der Gegenpol zur Menge. Die Massen können marschieren, können die angestaute Stimmung in einem Straßenkrawall entladen, aber sie

---

[100] Friedrich von Spee: Cautio Criminalis, S. XLIII.

sind nicht imstande, die Wahrheit zu erkennen und zu tun. Es ist immer nur einer, der die Wahrheit sagt. Der einzelne allein und nie die amorphe Allgemeinheit fühlt sich verantwortlich. Dieser kühne eine, der sich mutig der gedankenlosen Masse entgegenstellte und auf den es vor allem ankommt, war Friedrich von Spee. Dies bleibt seine unvergängliche Sendung. Den einen darf man nicht mit dem ichbezogenen Individualisten verwechseln, der sich nur um sich selbst dreht. Diesem Mißverständnis huldigte das bürgerliche Zeitalter. Vielmehr ist der einzelne der Christ, der sich vor Gott stehend weiß. Solche einzelne sind das Salz der Erde – ohne sie ginge die Gemeinschaft in Fäulnis über. Beim einzelnen vereinigen sich die beiden Grundwerte Wahrheit und Liebe zu der Einsicht: Die Wahrheit ist mit der Liebe verbunden, wenn sie wirklich göttliche Wahrheit ist. Um dieser Erkenntnis willen ist in Spee das christliche Gewissen erwacht, das so oft unverständlicherweise in der Christenheit geschlafen hat. Bei Spee ist es in seiner ganzen Wucht aufgestanden und hat diesen Mann zum unerschrockenen Kämpfer gegen Lüge und Unrecht gemacht. Das erwachte Gewissen steigerte sich bei ihm zum christlichen Protest, der alle bloße Kritiksucht weit hinter sich ließ. Spee war der einsame Wahrheitszeuge inmitten des Dreißigjährigen Krieges. Wenn auch häufig unverstanden und abgelehnt, wurde er zuletzt doch als christlicher Humanist anerkannt, der dem Zeitgeist siegreich Widerstand leistete. Er ging allein seinen ihm von Gott gewiesenen Weg und stand mit seiner ganzen Person für die Wahrheit ein. Der einzelne spricht die Wahrheit aus. Er ist auch bereit, für sie zu sterben, denn das Martyrium stellt die tiefste Verbindung zwischen Mensch und Gott dar.

Was die Menschen gewöhnlich wenig interessiert, ist just das, was den Christen am stärksten beschäftigt: der Heilige. Es gibt kein aktuelleres Problem, als ein Heiliger zu werden. Doch kann es nicht, wie Camus in der „Pest" spekulierte, ohne Gott gelöst werden, wenn es nicht in der Philosophie des Absurden enden soll. Der Heilige, der in der Nähe Gottes lebt und die Nachfolge Christi in zeitloser Form verkörpert, ist eine Seinsgestalt. Er sprengt die Relativität, in der die meisten Menschen ihr Leben zubringen, und zeigt ihnen wiederum den Weg zum Absoluten. Spee war der verhüllte Heilige, dem es, wie wenigen Christen, gelang, trotz seines Kampfes in jener Verborgenheit zu bleiben, in die nach Jesu Worten allein Gott hineinsieht. Spee hat das neue Richtbild so vorbildlich verwirklicht, wie es nur ein Mensch der Gegengeschichte vermag.

Man hat in letzter Zeit oft die Frage aufgeworfen, warum der Jesuitenorden nie einen Antrag zur Heiligsprechung Spees stellte. Eine Heiligsprechung Spees würde für viele Gläubige einen größeren Ansporn bedeuten, als wenn Klosterleute, die lediglich ein frommes Dasein geführt haben, zur Ehre der Altäre erhoben werden. Auf die Frage, warum dies unterblieb, erteilte der Jesuit Karl Rahner die richtige Antwort: „Es müssen nicht alle menschlichen und heiligen Vorbilder auch amtlich heiliggesprochen werden. Man kann versuchen, ihnen nachzufolgen und sie um ihre Fürsprache bei Gott bitten, auch wenn sie nicht eigens im Meßbuch der Kirche aufgeführt werden."[101] Die unkanonisierten Heiligen tragen ihre Evidenz in sich und sind nicht weniger bedeutsam als die großen Heiligen.

Pater Jakob Masen, der in den letzten Lebensjahren Spees mit ihm im Trierer Kolleg gelebt hat, schrieb in seinem Nachruf: „Er war sowohl häufig in den Hütten der Armen und Kranken, den Spitälern und Gefängnissen anzutreffen, als auch angesehen mit den Vornehmen"; und er schloß seine Ausführungen mit den Worten: „So starb denn der Pater Friedrich, um in seinen Büchern weiterzuleben."[102] Gewiß, aber nur dort? Noch mehr als in seinen Schriften lebt Spees

---

[101] Karl Rahner, in: Anton Arens: Spee im Licht der Wissenschaften, 1984, S. 7.

[102] Joachim-Friedrich Ritter: Friedrich von Spee, 1977, S. 133.

Geist im Herzen einiger Christen weiter und wird in ihnen leben, solange Atem in ihnen ist.

Walter Seidel

Walter Nigg
Ein Leben mit den Heiligen*

Wenn man dieses kleine aber gewichtige Buch gelesen hat, fällt es einem schwer, einfach wieder zur normalen Tagesordnung überzugehen. Der große Hagiograph Walter Nigg schreibt ja niemals nur, um zu berichten und zu informieren; seine Veröffentlichungen sind auch nicht nur literarisch anspruchsvolle, oft brillante Texte, sondern es ist sein Ziel und sein tiefer Wunsch, daß sie auch immer wieder den Charakter des Bekenntnisses erlangen, wie er es einmal in seinem großen Mystikerbuch „Heimliche Weisheit" behutsam anklingen läßt.[1]

So erwachsen seine zahlreichen Bücher über große Gestalten der Christenheit, über „Heilige und Dichter", „Maler des Ewigen", Zeugen und Bekenner stets aus einem ganz persönlichen Engagement der Zustimmung und aus einer großen Nähe der Begegnung. Ja, er hat sie alle – das ist nicht übertrieben – mit Herzblut geschrieben.

Und auch bei der Lektüre dieses Buches über Friedrich Spee spürt man von Seite zu Seite mehr, wie er Feuer fängt und ihm das Herz aufgeht, weil er wieder einmal im großen und vielfarbigen Volk der Christen einen Bruder im Glauben gefunden hat, dem er sich, trotz des großen Zeitabstandes und aller Unterschiede der konfessionellen Herkunft, tief verwandt fühlte. Solche ganz persönlichen geistlichen Beziehungen mit recht unterschiedlichen christlichen Zeugen, z. B. den beiden Blumhardts oder dem stillen Gerhard Tersteegen, sind überhaupt für sein Leben und Wirken charakteristisch. Sie haben ihn herausgefordert, geprägt und getragen. Es gab also auch

---

* Aus einer Gedenkrede, gehalten am 5. November 1988 im Bildungszentrum Erbacher Hof, Mainz.

---

[1] Vgl. Walter Nigg, Heimliche Weisheit, Mystik des 16. bis 19. Jahrhunderts, Olten und Freiburg 1980^4, S. 13.

eine enge Verbundenheit zwischen ihm und dem mutigen Jesuiten Friedrich Spee, der aus einem tiefen Glauben und mit einem großen Herzen für die Not der Menschen furchtlos dem Zeitgeist den Kampf ansagte und sich einer ganzen verwirrten Welt entgegenstellte. Das hatte den kämpferischen Schweizer Theologen und Hagiographen Walter Nigg mächtig angezogen und fasziniert. Schon als junger Student war er auf den kühnen Ordensmann voller Begeisterung aufmerksam geworden; und sein Schicksal hatte ihn ein Leben lang nicht mehr losgelassen.

So ist es – wie Anton Arens in seinem Geleitwort treffend bemerkt – wirklich „eine glückliche Fügung", daß Walter Nigg gerade zum 400. Geburtstag Friedrich Spees in seinem letzten posthumen Werk seinen „ihm so tief verbundenen Lebensbegleiter" neu in Erinnerung rufen darf.

Noch einmal greift er, wie er es ein Leben lang unbeirrt getan hat, – gleichsam Schulter an Schulter – zusammen mit einem großen Bekenner aus dunkler Vergangenheit in den „gegenwärtigen Geisteskampf"[2] für Menschenwürde und Gotteswahrheit ein. Und wir Heutigen stehen betroffen vor der Herausforderung dieses Werkes, das wie eine Zeitansage über 400 Jahre gültig in unsere von vielfältigen Verwirrungen und Wahnvorstellungen bedrohte Zeit hineindröhnt und uns unerbittlich den Spiegel vor das Gesicht hält. Man spürt, daß es brennend aktuell ist, Leben und Werk Friedrich Spees gerade in unsere Zeit mitten hineinzustellen. Man spürt aber auch etwas von der Kraft und dem Feuer des Mannes, der Friedrich Spee in unserer kleinen Schrift wieder zum Leben erweckt hat. Walter Nigg bleibt natürlich ganz im Hintergrund. Das ist, wie wir gleich noch näher betrachten werden, für sein christliches Bewußtsein und das Selbstverständnis seines Schaffens ein ganz wichtiger und charakteristischer Ort. Aber gleichsam zwischen den Zeilen werden hier und auch sonst in seinen Schriften Umrisse seiner eigenen Gestalt sichtbar. Und so ist es naheliegend – nicht zuletzt für das tiefere Verständnis seines Werkes –, auch ihn, sein Leben und Wirken am Ende seines letzten Buches in Erinnerung zu rufen. Wer war dieser Mann, der es meisterhaft verstand, mit einer hingebungsvollen Einfühlsamkeit, ja einer stillen Kongenialität und

---

[2] Vgl. Walter Nigg, Was bleiben soll, Olten u. Freiburg 1973, S. 175.

von seinem eigenen unerschrockenen und unbestechlichen Glaubenszeugnis her, große Gestalten der Christenheit aus der Vergessenheit wieder lebendig in Erinnerung zu rufen und dem heutigen Menschen aus der Fülle der Geschichte und über die Grenzen der Konfessionen hinweg neue Wege der Begegnung zu öffnen?
Diese beiden wesentlichen menschlichen und christlichen Dimensionen der Erinnerung und der Begegnung durchziehen prägend und bestimmend sein ganzes Leben. Sie sollen daher zunächst mit einigen seiner eigenen Überlegungen und Einsichten verdeutlicht werden, um so behutsam den Weg zu öffnen in die weite und großartige Landschaft seines Werkes.
Besonders in seinem Buch mit dem bezeichnenden Titel „Was bleiben soll" – aber im Grunde durch sein gesamtes Schaffen – hat er dem „Ungeist des Vergessens"[3] den Kampf angesagt und wurde nicht müde, immer wieder Kräfte der Erinnerung zu wecken. Ja, er hatte geradezu ein Charisma, Leben, gelebtes Christsein in der Geschichte aufzuspüren und in die Gegenwart hereinzuholen. Denn, so schreibt er in dem eben genannten Buch: „Es gibt ... keine Zukunft ohne Vergangenheit. Beide sind unlösbar miteinander verbunden. Wir sind der Tradition verpflichtet und geben sie nicht preis, weil in ihr unvergängliche Werte enthalten sind."[4]
Seine Arbeit will also einer lebendigen Überlieferung dienen, „die wir in uns beständig neu gestalten. So verbinden wir ganz unzeitgemäß das Gestrige mit dem Zukünftigen, um im Heutigen bestehen zu können. ... Im bewußten Gegensatz zu den alles fortwirbelnden Ereignissen fragen wir, was im Wechsel Bestand hat."[5] Walter Nigg tut dies freilich, ohne sich anzumaßen, ein letztes absolutes Wort zu sprechen, „denn es gibt nur Versuche, sich auf das Bleibende in der Zeiten Flucht zu besinnen".[6]
Hier zeigt sich eine Haltung der Behutsamkeit und Bescheidenheit, die bei aller oft kämpferischen, ja angriffslustigen Bestimmtheit auch ein wichtiges Charakteristikum seines Schaffens war. Jedenfalls

---

[3] Ebd. S. 13.
[4] Ebd. S. 11f.
[5] Ebd. S. 12.
[6] Ebd. S. 12.

sieht er in der Neigung der heutigen Generation, das Beste zu vergessen, eine besondere Gefahr, ja „eine schwere Krankheit unserer Zeit", wie er in seinem Buch „Heilige ohne Heiligenschein" sagt.[7] Der Mensch heute „ist darauf eingestellt, . . . beständig etwas Neues zu hören. Das heute Neue ist das morgen Vergessene – in diesem Eiltempo rast man gegenwärtig über alle Dinge hinweg".[8] Kardinal Volk hat einmal treffend bemerkt: „Wer zu heutig ist, wird schon morgen von gestern sein". „Wir stellen" – so Walter Nigg – „dem schleuderhaften Vergessen – das nachgerade eine Sünde ist – bewußt die Erinnerung gegenüber."[9]

Aus den Kräften solcher Erinnerungen geht es Walter Nigg, wie in einer großen, unstillbaren Sehnsucht – ein Leben lang um Begegnungen, freilich in einem sehr ernsten und anspruchsvollen Sinne. Gegen den heutigen Mißbrauch dieses Wortes für jedes „flüchtige Vorübergehen" hat er sich scharf verwahrt. „Echte Begegnung ist ein Stillestehen, ist ein ernstes Ins-Angesicht-Schauen . . . Wir hören <den Zeugen des Glaubens> staunend zu, damit etwas in uns verändert werde, und nicht, damit wir ihre Gestalt nach unserem Gutdünken zurechtmodeln."[10]

Wenn wir nur die Frage zuließen – wie es z. B. bei Gedenktagen großer Leute heute schnell geschieht –, welchen Luther, welchen Guardini oder welchen Franziskus brauchen wir, blieben wir sozusagen bei uns selber stehen. Weiter kommt nur, wer bereit ist, die großen Zeugen, so wie sie sind, ohne Scheu vor Konsequenzen, in sein Leben einzulassen. Das darf nicht blindlings geschehen, sondern wie in einem stets neu einsetzenden kritischen Gespräch, in dem wir Ausschau halten nach dem Wesentlichen ihrer Botschaft. „Was war bei ihnen Feuer" – so fragt Walter Nigg – „und was hat sich als Asche erwiesen? Nur ein solcher Rechenschaftsversuch bringt sie zum Reden."[11]

---

[7] Walter Nigg, Heilige ohne Heiligenschein, Olten u. Freiburg 1978, S. 55; vgl. ders. Was bleiben soll, S. 12.

[8] Heilige ohne Heiligenschein, S. 55

[9] Ebd. S. 55.

[10] Was bleiben soll, S. 14.

[11] Ebd. S. 14.

Schon der Achtzehnjährige – 1903 ist er geboren, mit 14 Jahren war er bereits verwaist – hatte eine solche entscheidende Erfahrung gemacht und war einem Manne von besonderer Prägung begegnet: dem glaubensstarken, kämpferischen und sehr eigenwilligen Züricher Pfarrer Hermann Kutter, der hingerissen von einer brennenden Glaubensleidenschaft „von Gott geradezu übersprudelte".[12] So beschreibt Walter Nigg diesen Mann in einer eindrucksvollen biographischen Meditation, wie er die brillanten Essays in seinem Buch „Was bleiben soll" nennt. Und es wird deutlich, wie sehr er für sein ganzes Leben durch diesen Feuergeist eine Glaubensprägung erfahren hatte. Schon früh war ihm aufgegangen, daß unser Leben von Menschen geprägt wird, die uns begegnen, wie entscheidend es ist, wer uns begegnet, und daß Verlaß ist auf Menschen, die im Glauben Gott ganz in ihr Leben eingelassen haben. Und so war auch Friedrich Spee sein „Lebensbegleiter" geworden: „einer, der die Wahrheit sagt", ohne auf sein Leben zu achten, der „mitten in der Nacht des Hexenwahns es gewagt hat, ein helles Licht anzustecken",[13] „ein ritterlicher Mensch im Priesterkleid", wie er ihn voller Bewunderung nennt.[14]

Dabei geht es Walter Nigg nicht darum, die großen Gestalten, deren Gedächtnis er wachhalten will, einfach nachzuahmen, sondern um neue Wege der Aneignung – so wie er es einmal treffend von Johann Christoph Blumhardt (dem Älteren) sagte. Zeitlebens fühlte er sich in einer Art Wahlverwandtschaft mit Vater und Sohn Blumhardt verbunden und hat ihnen in einem engagierten Buch, das zum Besten seiner biographischen Deutungen gehört, ein ergreifendes Denkmal gesetzt.[15] Dort schreibt er vom älteren Blumhardt: „Man kann ihn gar nicht nachahmen ... Es muß zu einer ganz anderen Aneignung kommen ... Aneignen heißt nicht, sich etwas widerrechtlich zulegen, es heißt vielmehr, sich um ihn bemühen und sich von ihm beschenken lassen ... Er bietet einen außenseiterischen

---

12 Vgl. ebd. S. 21.

13 S. dieses Buch, letztes Kapitel, S. 69 u. 79; vgl. Walter Nigg, Der Teufel und seine Knechte, Olten u. Freiburg 1983, S. 114.

14 Der Teufel und seine Knechte, S. 108.

15 Walter Nigg, Rebellen eigener Art – eine Blumhardt-Deutung, Stuttgart 1988.

Lernprozeß an, und wir möchten auf seinem Weg weiterschreiten und seine Worte auf die Gegenwart übertragen, indem wir seine Intentionen neu entfalten".[16]

Natürlich weiß Walter Nigg auch, daß selbst die größten Zeugen des Glaubens zeitbedingt sind. Ja, entscheidend ist, daß sie mit innerer Wahrhaftigkeit ihre Zeit ernstgenommen haben, „aber sie ließen sich nicht einfach vom Zeitgeschehen fortschwemmen. Sie setzten sich mit dem Zeitgeist auseinander und stellten sich ihm entgegen ... Unermüdlich haben sie <zugleich> auf die überzeitlichen Wahrheiten hingewiesen" ... Wer sich auf die Zeugen neu einläßt, wird erfahren, daß sie „wie tragfähige Säulen <sind>, die nicht von den Fluten der Zeit unterspült werden, wirkliche Pfeiler, auf denen sich ein Haus errichten läßt".[17] „Wir haben <sie> im gegenwärtigen Geisteskampf bitter nötig."[18]

Mit diesem Zitat hat Walter Nigg einmal in einem packenden Essay die bleibende Bedeutung Romano Guardinis besonders herausgestellt. Dieses Wort gilt zweifellos auch für sein eigenes Leben und Schaffen, das wir nun etwas eingehender betrachten wollen.

Doch kann man überhaupt in einer kurzen Gedenkrede ein so reiches Leben, eine solche Fülle der Begegnungen und Einsichten auch nur annähernd vermitteln? Nun, im Sinne von Walter Nigg ist das ganz sicher kein wirkliches Problem – im Gegenteil. „Sind sie doch froh" – so würde er mit verschmitztem Lächeln vielleicht gesagt haben –, „daß Sie gleich am Anfang auf dieses wirklich nur scheinbare Problem stoßen; denn jetzt und hier darf es ja auf gar keinen Fall um mich gehen, sondern einzig und allein um die – freilich schon bei jeder einzelnen Gestalt – zutiefst unbeschreibliche Botschaft der Zeugen."

Ihnen hatte er stets den Vortritt gelassen. Und in der Tat könnte man mit einem Wort aus dem Hebräerbrief sein Leben umschreiben als eingehüllt und verborgen in die große „Wolke der Zeugen" (Hebr 12,1). So hatte er mit aller Leidenschaft seiner Seele und seines reichen Geistes, aber in aller Stille und persönlich ganz zurückhaltend seine Sendung verstanden. Wie es zu dieser ganz außergewöhn-

---

[16] Ebd. S. 77f.
[17] Was bleiben soll, S. 15.
[18] Ebd. S. 175.

lichen Berufung kam, davon wird später noch einmal die Rede sein. Hier soll nur betont werden, wie sehr er bei aller Bereitschaft, Flagge zu zeigen, stets peinlich darauf achtete, den Blick von seiner Person wegzulenken auf die Gestalten hin, die er mit seiner unverwechselbaren Darstellungskunst und aus dem Geist einer tiefen und liebenden Zuneigung und Brüderlichkeit seinen Lesern und Hörern vertraut machen wollte: also die Heiligen mit und ohne Heiligenschein, aber auch Maler und Dichter des Ewigen, die er mit den heiligen Zeugen in einer engen Verbindung, ja Verwandtschaft, sah (z. B. in seinem Buch „Heilige und Dichter").

Den Wert der Stille und Verborgenheit hatte er mit Staunen immer wieder bei den Heiligen selbst erfahren und für sein eigenes Leben bis in den Tod und sein Testament hinein aufgenommen. Es war ihm, als flüsterten uns die Heiligen zu: „Sei auch du froh, wenn du unbeachtet im Winkel stehst, denn es gibt keinen herrlicheren Platz, als mit Alexius unerkannt unter der Treppe zu liegen; man sieht dort mehr als anderswo."[19]

So war ihm alles öffentliche Aufsehen um seine Person ein Greuel. Ich erinnere mich noch gut, wie er z. B. sehr bestimmt meinen Wunsch abschlug, auch sein Bild in unsere Bildergalerie im Haus am Dom in Mainz aufzunehmen. Ich würde ihn nirgends abfotografiert finden — sagte er mit schalkhaftem Augenzwinkern —, und er habe in keinem seiner Bücher und auch auf keinem Klappentext je sein Foto zugelassen.

Das haben wir selbstverständlich respektiert. Und spätestens jetzt erhebt sich die Frage, ob es denn überhaupt so ganz richtig ist, über ihn zu reden, für den der demütige und zurückgezogene Gerhard Tersteegen ein besonderes Vorbild war, und den immer wieder „Der verborgene Glanz" der Heiligen (so einer seiner Buchtitel) mit staunender Bewunderung und tiefer Zustimmung erfüllte.

Wir werden auch jetzt die Stille um sein ganz persönliches Leben nicht durchbrechen, sondern uns nur von seinem Werk, „Was bleiben soll", wieder neu ansprechen lassen. Im Widerschein der großen Themen und Gestalten, die ihn mächtig in ihren Bann schlugen und ihm die Kraft zu schreiben und zu verkünden bis ins hohe Alter von 85 Jahren ungebrochen erhalten haben, werden dann

---

[19] Walter Nigg, Heilige und Dichter, Olten u. Freiburg 1982, S. 19.

ganz unvermeidlich auch Umrisse seiner eigenen Person erscheinen: etwas vom eindringlichen Klang seiner Sprache, von der Unbestechlichkeit seines Zeugnisses und nicht zuletzt vom Charme und auch vom Schalk, der ihm aus den Augen blitzte, wenn er treffsicher seine Pfeile abschoß. Ja, es war geradezu ein Charakteristikum seiner Art zu schreiben und zu reden, daß er bei aller persönlichen Bescheidenheit und Sachlichkeit als Historiker durch zupackende und pointierte Bemerkungen oft kantig und holzschnittartig eine Sache auf den Punkt brachte oder mit kurzen, nicht zimperlichen Seitenhieben einen oft verblüffenden Zeitbezug herstellte, was ihm nicht nur Freunde einbrachte. Aber er wollte „sich nicht zu denen gesellen, ‚die der Prophet stumme Hunde heißt, die nicht zu bellen wissen'".[20] Diese treffende Charakterisierung des mutigen Jesuiten Friedrich Spee, den Walter Nigg schon in seinem Buch „Der Teufel und seine Knechte" in einem eindrucksvollen Kapitel würdigt, trifft voll auf ihn zu. Auch Walter Nigg hat – wie er es in unserem Buch von Spee sagt – „ . . . gebellt, und zwar laut gebellt; es war unmöglich, ihn zu überhören." Er hat nie ein Blatt vor den Mund genommen und konnte, wie gesagt, mit markanten, nicht selten spitzen, auch schon mal überspitzten Sätzen und in einer saftigen Sprache Position beziehen, wenn ihn etwas besonders bewegte. Hierfür sei ein markantes Beispiel genannt, in dem er das zentrale Thema seines Lebens anspricht: die Hagiographie. Ihr wollen wir uns damit etwas näher zuwenden.

Wie ihm diese Aufgabe am Herzen lag, und wie er sie als seinen besonderen Verkündigungsauftrag ernst nahm, kommt in einem typischen Wort seines Buches „Heilige ohne Heiligenschein" zum Ausdruck, das alle Verharmlosung und alle unrealistische Verklärung des Themas mit einem Schlag zurückweist. Wörtlich heißt es dort: „ . . . wir beschäftigen uns nicht mit verdorrten Kränzen und auch nicht mit Schnittmustern veralteter Heiligenschilderungen. Ganz unmißverständlich möchte ich sagen, daß ich mich nicht in der Rolle eines ältlichen Kindermädchens fühle, das brave Heiligengeschichtlein zum Besten gibt, damit der Leser wohlgestimmt einschläft, und ich streiche ihm auch keine geistliche Marmelade aufs Brot, damit es ihm besser schmeckt. Im Gegenteil, ich berichte

---

[20] Der Teufel und seine Knechte, S. 104; vgl. auch dieses Buch, S. 68.

etwas vom Drama der Heiligkeit, das vielleicht den Leser beunruhigt und ihn aus dem sanften Schlummer eines allzu gemächlichen Christentums aufschreckt."[21] Denn Heilige sind „in der Tat oft unbequeme Störenfriede für unser auf Erleichterung bedachtes Christentum".[22]

Freilich ist sich Walter Nigg auch der immensen Schwierigkeit der Heiligenschilderung voll bewußt. „Wir wissen", schreibt er in „Heilige und Dichter", „um das Kreuz dieser Aufgabe genau Bescheid, ‚daß sie ein Feuer nachbilden soll: ein Feuer, das einmal gebrannt hat' und heute leider nicht mehr brennt. Alle echte Heiligenschilderung bemüht sich unablässig, in die glimmende Glut unter der Asche kräftig hineinzublasen. Sind wir imstande, eine neue lodernde Flamme zu entfachen . . . ?"[23]

Diese schwere Aufgabe ist aber zugleich für Walter Nigg Quelle reinster Freude. Zur Begründung schreibt er einmal: „Das Schöpfungswerk Gottes ist bei den Heiligen gelungen, denn bei ihnen wird die Gottebenbildlichkeit deutlich sichtbar. Wie sollte man darüber aus innerer Freude nicht frohlocken?"[24] So schreibt und lebt er in einer unbändigen Entdeckerfreude wie einer, der sich aufmacht, einen Schatz zu heben, und dem es immer tiefer bewußt wird, daß Gott wunderbar ist in seinen Heiligen.[25] Und er besaß ein Charisma, seine Leser und Hörer an dieser Freude teilnehmen zu lassen. Das wird z. B. in der eingehenden Rezension deutlich, mit der Ida Friederike Görres sein Buch „Große Heilige" in den Frankfurter Heften (Januar 1948) ausführlich würdigte. Walter Nigg hatte 1947 mit diesem Werk – inzwischen sind 10 Auflagen erschienen – vor allem unter katholischen Lesern seinen ersten, sensationellen hagiographischen Erfolg. „Auf jeder Seite", so schreibt Frau Görres, „spürt man die grenzenlose . . . Begeisterung, die reine Hingerissenheit durch den Gegenstand. Das einleitende Kapitel ist fast ein

---

21 Heilige ohne Heiligenschein, S. 10.
22 Ebd. S. 9.
23 Heilige und Dichter, S. 14.
24 Ebd. S. 16.
25 Psalm 89 u. vgl. Walter Nigg, Vom beispielhaften Leben, Olten u. Freiburg 1974, S. 24f.

Hymnus zu nennen, solche Glut schlägt uns aus Ton und Sprache entgegen." Dabei „wirkt bei aller glühenden Begeisterung für die Herrlichkeit der Heiligen ... die strenge Redlichkeit und Sachlichkeit des Historikers <besonders> erfrischend und überzeugend". Und „mit erstaunlicher Treffsicherheit fühlt und hebt Nigg aus riesiger Fülle der Einzelheiten das Eigentliche heraus und benennt den Herzpunkt eines Schicksals, eines Charakters" und einer Berufung.[26]

Aber – diese Frage ist nicht zu umgehen – wie kommt der reformierte Pfarrer, der gelehrte Theologe und Historiker dazu, mit seinem großen Wissen und mit allen Kräften seines Lebens und Glaubens sich ganz der Wiederentdeckung großer Zeugen der Christenheit zu widmen und sozusagen vom gelehrten Evangelium auf die Seite des gelebten Evangeliums der Heiligen überzuwechseln? Diese Frage berührt den Kern seiner Existenz und das Geheimnis seiner außergewöhnlichen Berufung. Wir können und dürfen hier nur Umrisse einer Antwort behutsam andeuten, so wie sie im Lichte der großen Gestalten aus seinen Werken hier und da aufscheinen.

Walter Nigg war schon als 18jähriger im Züricher Neumünster-Pfarrer Hermann Kutter – das war zu Beginn schon einmal angeklungen – einem Gottesmann begegnet, der dem jungen Studenten eine grundlegende Ausrichtung auf Gott und seine lebendige Gegenwart gegeben hatte. Dieser Mann, für den die Bibel – wie Walter Nigg einmal schrieb – „ein lebendiger Anruf <war> und nicht Gelegenheit, gelehrte Kenntnisse auszubreiten",[27] hatte also schon früh seinen kritischen Geist geweckt, besonders gegen alle Versuche, das Christentum in eine billige Plausibilität hinein zu verführen. So war Walter Nigg nach gründlicher Auseinandersetzung mit der historischen Bibelforschung immer mehr in eine skeptische Haltung nicht nur gegenüber der Bibelwissenschaft, sondern der Theologie überhaupt und auch der Kirchengeschichte hineingeraten. Das scharfe Wort Hermann Kutters, daß die Theologie leicht „an einer gotteslästerlichen Vielwisserei über Gott" kranke

---

[26] Ida Friederike Görres: Der Heilige in der Kirche, in: Frankfurter Hefte, Januar 1948, S. 424f., 426, 429.

[27] Was bleiben soll, S. 23.

und daß sie „ein Reden über Gott mit schlechtem Gewissen" sei, hatte sich Walter Nigg tief zu Herzen genommen.[28] So wächst er immer mehr in eine kritische Haltung gegenüber allem übersteigerten Rationalismus und Intellektualismus hinein und schaut skeptisch auf die kritische Theologie und auf den „gegenwärtigen Scherbenhaufen",[29] den sie hinterlassen hat. Seine Auseinandersetzung mit diesem vielschichtigen Problem von Theologie und Glauben, die sein ganzes Werk durchzieht, trägt er besonders in seinem aufwühlenden Buch „Der christliche Narr" unter den Begriffen Vernunft und Übervernunft aus, auf das hier leider nicht näher eingegangen werden kann. Jedenfalls hat ihn das Wort des Apostels Paulus: „Wir sind Narren um Christi willen" (1 Kor 4,10) tief getroffen. Zeitlebens war er, wie er einmal wörtlich schreibt, „beunruhigt, daß der Christ gleichsam mit einer Schellenkappe angetan über diese Erde schreitet, verlacht und verspottet von den Weltkindern". „Das Christentum ist tief von dem alogischen Rest überzeugt, der nach Peter Wusts Formulierung gerade ‚den eigentlichen Grundkern des Seins ausmacht'."[30] So ist er um der Wahrheit willen, wie er einmal von Hermann Kutter schreibt, dem er auch hier eng verwandt ist, „vom gelehrten Akademiker zum unkonventionellen Kämpfer geworden, der seine Auseinandersetzung auf freiem Feld ausfocht und fortan in kein Schema mehr hineinpaßte".[31]

Und ähnlich wie bei Hermann Kutter führte diese Haltung auch bei Walter Nigg zu einer gewissen Isolation innerhalb kirchlicher Kreise. Aber er geht, wie Kutter, diesen Weg des Außenseiters, fern des kirchlich theologischen Betriebes, ganz bewußt, um Stille zu gewinnen und „Kraft zu sammeln für das Wort, das gesprochen werden muß".[32]

Und im Zusammenhang mit Friedrich Spee spricht er sogar von einer stillen „Gegengeschichte" als dem Ort, in dem jene verborge-

---

[28] Ebd. S. 36.
[29] Ebd. S. 37.
[30] Walter Nigg, Der christliche Narr, Zürich u. Stuttgart 1956, S. 18f.
[31] Was bleiben soll, S. 18.
[32] Ebd. S. 42.

nen Menschen im lauten Lärm der Geschichte zwar kaum wahrgenommen werden, aber dafür um so kraftvoller ihre entscheidende Sendung erfüllen. Zu ihren großen lichtvollen Gestalten zählte er den kühnen Jesuiten Friedrich Spee. Und hier hatte Walter Nigg auch selbst sehr entschieden seinen Platz gefunden.

Den entscheidenden Anstoß zu dieser Wende in seinem Leben brachte der Zweite Weltkrieg. Nach einer so vielschichtigen Katastrophe konnte man in den Büchern – das war seine Überzeugung – nicht so tun, als hätte es keinen Krieg gegeben, sondern sollte helfen, eine „Wegleitung" zu vermitteln. Und in einer für ihn recht charakteristischen Formulierung schreibt er: „Ich habe nichts gegen die Theologen – Gott habe sie selig –, aber was sie heute ausführen, ist Fachwissenschaft, ist intellektuelle Geistesübung; während wir doch der Wegweisung und der Kraft bedürfen."[33]

Dabei hat er der Theologie ihre Berechtigung als gedankliche Verarbeitung der Glaubensaussagen natürlich nicht abgesprochen, vorausgesetzt, daß sie – wie er in seinem Blumhardt-Buch bemerkt – „wie in der alten und mittelalterlichen Kirche noch im Gebet verankert ist".[34] Er sieht hier die Gefahr der Theologie besonders in einer unheilvollen, die Wucht des Evangeliums abschwächenden Vermengung von Behauptungen, Spekulationen, Kritik, Apologetik, Polemik. So „entsteht eine dichte Schicht Intellektualismus", der zwar oft „von Gelehrsamkeit trieft und doch nur einen schwachen Schimmer des Evangeliums enthält".[35] Er scheut sich – gerade im Blick auf neue und neueste Theologien – sogar nicht, die ketzerische Frage nach „einem Dämon der Theologie" zu stellen, „der die Frohbotschaft verdirbt". Und er kommt von der Frage nicht mehr los, wie wir wieder „zu der göttlichen Melodie zurückfinden",[36] wie sie im Leben der Heiligen ungebrochen erklingt. So verlegt sich der Schwerpunkt seiner Schriftstellerei und Vortragstätigkeit vom wissenschaftlichen Gebiet ganz auf das religiöse. Und er wendet sich mit Sachverstand und Leidenschaft dem gelebten

---

[33] Vom beispielhaften Leben, S. 14.
[34] Rebellen eigener Art..., S. 89f.
[35] Vgl. ebd. S. 90.
[36] Vgl. ebd. S. 90.

Evangelium der Heiligen zu. „Es bleibt keine andere Möglichkeit, als durch die Unheiligkeit unserer Zeit zu den Heiligen vorzudringen. Wir brauchen sie als Gefährten, um die schwere geistige Schlacht in der Gegenwart zu gewinnen."[37]
Dabei war ihm ein Wort tief in die Seele gedrungen, das der Märtyrerpapst Clemens I. in seinem berühmten 1. Clemensbrief an die Gemeinde in Korinth gerichtet hatte. Dieser schreibt in einer für die junge Kirche bedrohlichen Zeit: „Gehet zu den Heiligen, denn die mit ihnen gehen, werden geheiligt werden."[38] Dieser Rat hat nach Walter Nigg damals wie heute höchste Aktualität. Denn er ist überzeugt – und das ist für einen reformierten Theologen alles andere als selbstverständlich –, daß die Heiligen wirklich leben, und daß sie uns im Glauben geistig zugänglich sind. „Heilige sind niemals tote Menschen, denn sie gehören, wie alle die im Herrn sterben, zu Christus und sind ein Teil seines fortlebenden Leibes." Sie „sind oft lebendiger als die vielen Menschen, die heute durch unsere Wirtschaft hetzen und in ihrem Körper eine tote Seele haben."[39] Dieses klare Bekenntnis zu den lebendigen mit uns im Leibe Christi verbundenen Heiligen ist eine Schlüsselaussage im Werk Walter Niggs, das gerade auch unter ökumenischem Aspekt in den Fragen nach Erlösung und Heiligung und nach Heilsgemeinschaft der Kirche von hohem Wert sein könnte. Leider wurde seine Arbeit in einschlägigen evangelischen Kreisen bisher wenig zur Kenntnis genommen und gerade wegen ihres ekklesialen Gewichtes oft verdächtigt oder gar totgeschwiegen. Auf katholischer Seite reagierte man mit Freude und breiter Zustimmung, als 1947 sein Buch „Große Heilige" erschien. Aber hier gab es am Anfang, z. B. von Hans Urs von Balthasar, auch skeptische Stimmen, die ihrerseits dem Autor ekklesiales Defizit vorwarfen. Meines Erachtens war dieser Vorwurf im Kern schon damals nicht berechtigt und zumindest überängstlich und übertrieben. Und die weitere Entwicklung seiner Hagiographie hat deutlich gemacht – das eben angeführte Schlüsselzitat stammt aus dem Jahr 1974, also ein Viertel Jahrhundert nach Erscheinen der „Großen Heiligen" –, wie eine

---

[37] Vom beispielhaften Leben, S. 15.
[38] Ebd. S. 11.
[39] Ebd. S. 21.

innere Katholizität der Heiligen immer mehr sein Werk durchdringt und daher gerade auch für den Katholiken glaubwürdig und bedeutsam macht. Die große Gemeinde seiner katholischen Leser und Hörer ist hierfür der beste Beweis.

Ich selbst verdanke meine erste Begegnung mit dem Werk Walter Niggs schon Ende der 40er Jahre keinem geringeren als dem großen Priestererzieher und Theologen Weihbischof Josef Maria Reuß. Auf dem Betstuhl in seinem Arbeitszimmer lagen eng nebeneinander zwei in Leder gebundene Bücher: das Neue Testament, und zu meinem Erstaunen Walter Niggs „Große Heilige". Ich erinnere mich noch gut, wie der Mainzer Regens auf meine Frage nach dem Bezug beider Bücher zueinander von der Weisheit der Kirche sprach, die in den Heiligenfesten des Kirchenjahres von den Anfängen bis heute neben die zentrale Botschaft Christi das gelebte Evangelium der Heiligen gestellt hat – wie eine lebendige, immer neue und aktuelle Auslegung der Bibel. Und genauso verstand es auch Walter Nigg. Für ihn leben die Heiligen „in der Bibel wie der Fisch im Wasser. ‚Sie essen vom göttlichen Wort', wie die selige Crescentia von Kaufbeuren sich ausdrückte, sie setzen es in die Tat um und geben uns mit jeder Gebärde zu verstehen, daß es da nichts zu deuten, wohl aber unendlich viel zu tun gibt". Und „die Meinung, die Heiligen verdrängten Christus und die Bibel", weist er als „eine nichtsnutzige Ausrede" zurück. „Das Gegenteil trifft zu: Sie führen uns zu ihm hin, so nahe, wie man nicht näher kommen kann."[40] Sie sind für ihn „Transparente Christi . . . , Illustrationen zum Evangelium und der beste und einzig gültige Kommentar dazu".[41] Ja, er nennt sie einmal „die beständig neue Verleiblichung des Christentums, gleichsam die Fleischwerdung der christlichen Idee und deren lebendige Denkmäler".[42]

Und in dieser Verkörperung des Evangeliums wissen sie sich mit Christus auf dem Weg zum Vater, das heißt, in eine immer innigere und tiefere Gottesnähe unterwegs. Damit stoßen wir nach Walter Nigg auf das entscheidende Kriterium, „mit dem der Heilige steht und fällt". Natürlich „kennt auch er das Stöhnen des Propheten

---

[40] Heilige und Dichter, S. 24.
[41] Vom beispielhaften Leben, S. 23.
[42] Walter Nigg, Große Heilige, Zürich u. München 1981[10], S. 22.

Jesaja aus eigener Erfahrung, ‚fürwahr, du bist ein verborgener Gott', verborgen namentlich für unser menschliches Verstehen, aber niemals entwickelt er daraus eine Pseudotheologie von der Abwesenheit Gottes. . . . „Ein abwesender Gott ist kein Gott: der Heilige lebt im Gegenteil in der beständigen Anwesenheit Gottes . . . Die Gottesnähe ist <sein> innerstes Geheimnis".[43] Und „nicht nur ihr eigenes Leben wurde dadurch sinnerfüllt, sondern sie sind auch imstande, im Dasein anderer Menschen den verschleierten Sinn zu enthüllen"[44] – also Sinnerfüllung durch Gottesnähe mitzuteilen. So kann also „die Welt der Heiligen einzig mit Gott und niemals ohne ihn begriffen werden".[45] Jede Darstellung, die dieses zentrale Geheimnis der Gottesnähe der Heiligen ausklammert, würde ihr Wesen verfehlen und höchstens an der Oberfläche bleiben. So bedarf es für den Hagiographen und für jeden, der den Heiligen näherkommen will, „vor allem anderen der ehrfürchtigen Liebe, die weder mit beschönigender Verteidigung noch mit unverbindlicher Bewunderung zu verwechseln ist".[46] Diese Grundhaltung der Ehrfurcht und Liebe steht aber nun keineswegs im Gegensatz zu einem gesunden und auch kritischen Realismus.

„Die Heiligen waren Menschen aus Fleisch und Blut wie wir . . . Scheuen wir uns doch nicht, das ewige Menschengesicht des Heiligen hervorzuheben, denn nur dadurch gelangen wir überhaupt zu einem lebensnahen Gespräch . . .[47] Vor allem setzt er sich gegen alle Schönfärberei zur Wehr, die den ärgerlichen Realitäten, den Schwächen und Fehlern der Heiligen auszuweichen versuchen. Und er stellt als beispielhaft für eine ehrliche Hagiographie Ida Friederike Görres heraus, mit der er in einer langjährigen Freundschaft verbunden war. „Wegen ihrer Einführung der Psychologie, ihrem Realismus und der künstlerischen Gestaltung" – über der sie keinen Augenblick die Metaphysik der Heiligen vergaß – „ist eine entscheidende Wende in der Geschichte der Hagiographie eingetre-

---

[43] Walter Nigg, Der exemplarische Mensch, Köln-Olten 1967, S. 28f.
[44] Große Heilige, S. 19.
[45] Ebd. S. 27f.
[46] Ebd. S. 28.
[47] Heilige und Dichter, S. 17.

ten".[48] So würdigt er in einem einfühlsamen Essay die große, leider fast ganz vergessene christliche Schriftstellerin. Aber schon ein Heiliger des vergangenen Jahrhunderts, Vinzenz Pallotti, macht die für seine Zeit erstaunliche Feststellung, daß in den Biographien der Heiligen immer ein Kapitel fehle, und zwar das längste, das Kapitel ihrer Unvollkommenheit. Und Walter Nigg bemerkt dazu: „Verschweigt man aber alle Fehler, werden die Biographien nicht nur einseitig, sondern hemmen auch noch unseren vertraulichen Umgang mit den Boten Gottes, weil wir Menschen voller Fehler und Sünden sind. Wenn wir die Schattenseiten der Heiligen übergehen, berauben wir sie auch ihrer echten Leuchtkraft. Wir können auf den Kontrapunkt nicht verzichten."[49] Und nicht aus kleinlicher oder gar hämischer Schnüffelei, welche das Hohe in die Niederungen des Alltags herabziehen will, sondern einzig aus Liebe zur Wahrheit und aus Ehrfurcht vor den Wegen Gottes in der Gnadenführung des heiligen Menschen stammt dieser „religiöse Realismus, der das Göttliche in und nicht außerhalb der Wirklichkeit sieht".[50]
Es ist geradezu das Charakteristikum der Heiligen, daß sie „die Spannung zwischen oben und unten durchgestanden und oft förmlich durchlitten"[51] haben. „Mit welcher Offenheit hat (z. B.) ein Augustin in seinen ‚Bekenntnissen' die Verflochtenheit mit der Sünde dargestellt."[52] So ist den Heiligen der Kampf auch mit den dunklen Mächten, in dem sie keineswegs immer Sieger blieben, nicht erspart worden. Aber sie sind diesem Kampf nie ausgewichen, haben ihn auf sich genommen und sich immer wieder unverdrossen auf den Weg gemacht.[53]
Ja, „auch die Heiligen waren suchende Menschen". Sie haben aber das Suchen nicht zum eigentlichen Lebens- und Glaubenssinn gemacht, wie es heute unseligerweise auch unter den Christen eine

---

[48] Heilige und Dichter, S. 237.
[49] Ebd. S. 18.
[50] Große Heilige, S. 29, u. vgl. I. F. Görres, Der Heilige in der Kirche, Frankfurter Hefte 1948, S. 425.
[51] Walter Nigg, Die Heiligen kommen wieder, Freiburg 1973, S. 21.
[52] Große Heilige, S. 29.
[53] Vgl. ebd. S. 29.

weit verbreitete Vorstellung ist. Sie haben vielmehr, „augustinisch formuliert, gesucht, um zu finden, und sie fanden, um erneut zu suchen, damit sie nie zu den glücklichen Besitzern (den beati possidentes) zu zählen seien", sondern zu den vor Gott Armen, wie die Schrift sagt. Prägnant ausgedrückt: „Die Heiligen haben den christlichen Weg gefunden."[54] Das ist ja die große Aufgabe unseres Lebens.

Hier sind sie uns unverzichtbare Vorbilder. Der Mensch kann auf Dauer ohne echte Vorbilder nicht leben. Wehe ihm, wenn er sich an oberflächliche Idole eines letztlich nihilistischen Starkultes verliert. Anstatt von den Heiligen als unseren Vorbildern spricht Walter Nigg allerdings, wie auch Johannes vom Kreuz, auf den er sich bezieht, lieber von den Heiligen als unseren Richtbildern. Unser Vorbild ist Jesus Christus allein. Die Heiligen geben uns nur Impulse auf unserem je eigenen Weg zu Christus. „Und tatsächlich folgen wir den Heiligen nur, soweit sie uns durch ihre Worte und Taten helfen, Christus noch getreuer nachzufolgen... Sie sind die besten Lehrmeister für den Umgang mit Gott, und sie führen uns unmittelbar vor den brennenden Dornbusch."[55]

So wird der Heilige, der unter Gottes Anruf mit seinem ganzen Leben Antwort geworden ist, von Walter Nigg treffend bezeichnet als „der Mensch mit der Antwort",[56] – oder mit Romano Guardini gesprochen – „der Mensch, in welchem der Geist zur vollen Kraft des Rufens gelangt..."[57]

Freilich – das klang zu Beginn unserer Überlegungen schon an – ist es „keine Kleinigkeit, mit den Heiligen in eine neue Fühlung zu kommen, eher ist es ein Wagnis, über das keine leichtgefederte Aussage erlaubt ist." „Nur wer bereit ist, das Letzte zu wagen, gelangt in die Nähe der Heiligen. Hier, und vor allem hier, gilt die Wahrheit: der Glaube ist ein Abenteuer, er ist das einzig wahre Abenteuer."[58] Eine billige Begegnung mit den Heiligen ist also nicht

---

[54] Heilige und Dichter, S. 25.
[55] Die Heiligen kommen wieder, S. 25.
[56] Der exemplarische Mensch, S. 31.
[57] Romano Guardini, Glaubenserkenntnis, Freiburg 1963, S. 156.
[58] Vom beispielhaften Leben, S. 14.

möglich. Aus beobachtender Distanz und mit rein biographischem und ästhetischem Interesse – das hat man Walter Nigg wegen der Fülle seiner Bücher und Gestalten bisweilen und ganz zu Unrecht vorzuwerfen versucht – kommen sie nicht in den Blick. „Der Heilige erschließt sich nur durch einen längeren Umgang mit ihm."[59] Er öffnet sein Geheimnis nur dem, der sich – wir sagten das schon – in Ehrfurcht und Liebe ihm nähert. Dann allerdings wird man erfahren, daß eine Verbindung zwischen ihnen und uns besteht, und ein stilles und zugleich erregendes Gespräch beginnt.

Daß dies möglich und gerade in unserer apersonalen und anonymen Zeit lebensnotwendig ist, war die bahnbrechende Entdeckung, besser Wiederentdeckung Walter Niggs. Und das ist sein bleibendes Verdienst für die Christenheit quer durch alle Konfessionen. Es geht ihm um das klare Zeugnis, daß die Heiligen leben und daß sie auch heute mit uns als Freund, Gefährte, Lehrer und Helfer unterwegs sind und in unser Leben hereinwirken.[60] Sie sind ansprechbar für die persönlichen Fragen und Nöte unseres Lebens. „Oft besteht ihre Antwort in einem hinterlassenen Wort, das plötzlich vor unserem Geiste aufleuchtet;"[61] oder es ist ein Augenblick aus ihrem Leben, der mein Inneres anrührt oder ihre Stille im ertragenen Leiden, die meine Unruhe heilt. „Die Weisheit der Heiligen ist unermeßlich. Sie ist aus dem tiefsten Wesensgrund Christi gespeist." Und Walter Nigg wagt die Formulierung: „Wer sich in einer lebendigen Rede mit den Heiligen befindet, der erlangt eine Wegleitung, die nur mit der täglichen Lesung in der Bibel gleichgesetzt werden kann."[62] So hatte auch Weihbischof Reuß – wir erinnern uns – die Botschaft der Heiligen, wie sie Walter Nigg verkündete, verstanden. Treffend hat einmal Reinhold Schneider, den Walter Nigg sehr geschätzt und gern zitiert hat, vom heilsamen Umgang mit den Heiligen gesagt: „An einer starken, frommen Persönlichkeit kann ein verwundeter, zerrissener Mensch sich zurechtfinden, sich gewissermaßen ausheilen, wenn er sich recht eng, aus liebendem Herzen an sie anschließt:

---

[59] Die Heiligen kommen wieder, S. 18, u. vgl. S. 19.
[60] Vgl. Heilige und Dichter, S. 26, u. Die Heiligen kommen wieder, S. 23f.
[61] Vom beispielhaften Leben, S. 21.
[62] Ebd. S. 21.

nicht indem er sich ihr versklavt, aber indem er unter ihrer heilsamen Kraft gesammelt und fest zu werden sucht wie sie."⁶³

So ging es Walter Nigg „um einen ganz realen inneren Kontakt mit den Heiligen".⁶⁴ Und er meint es ganz ernst und konkret, wenn er diesen Kontakt eine lebendige Rede und ein Gespräch mit den Heiligen nennt. Alle Kräfte des Menschen müssen hierzu aufgeboten werden. Aber „die Herzkräfte sind entscheidend . . . Es bedarf der Herzpfade und eines feinen Spürsinns, um in eine innere Verbindung mit den Heiligen zu gelangen."⁶⁵ Sein ganzes Werk ist der unermüdliche Versuch, in ihr Geheimnis hereinzuhorchen, auf die Worte und Taten ihres Glaubens zu hören, etwas von der leuchtenden Stille ihrer Gottesnähe zu erfahren und das Gespräch mit den Heiligen aufzunehmen. Immer wieder von einer neuen Seite tritt er in dieses Zwiegespräch ein – und kam damit nie zu Ende. Und immer wieder sind seine Bücher eine begeisternde, eine drängende und eine tröstliche Einladung, sich an diesem Gespräch zu beteiligen, von dem er einmal schreibt, daß es am besten „mit dem Wort ‚Gebet' charakterisiert werden könnte."⁶⁶

Alle seine Werke weisen ihn als den großen Lehrer dieses Gesprächs aus. Auch wenn er über „Maler des Ewigen" schreibt oder sich – ein anderer Buchtitel – zu einer „Wallfahrt zur Dichtung"⁶⁷ aufmacht und über den Kreis der Heiligen weit hinausgeht, ist er immer auf der Spur nach dem Göttlichen, sucht er „Wegleitung ins Transzendentale" und neue Zugänge für das tiefere Gespräch. So wird er einmal treffend „als ein christlicher Rutengänger bezeichnet, der die Quellwasser christlichen Lebens sprudeln hört, die in tiefen verborgenen Schächten fließen".

Aber kommen wir noch einmal auf den lebendigen Kontakt mit den Heiligen zurück. Wir müssen hier auf ein stilles, heute in erschreckende Vergessenheit geratenes Thema wenigstens noch kurz einge-

---

63 Zitat nach Walter Nigg, Die Heiligen kommen wieder, S. 19.

64 Heilige und Dichter, S. 15.

65 Ebd. S. 15.

66 Ebd. S. 27.

67 Walter Nigg, Maler des Ewigen, 2 Bde., Zürich-Stuttgart 1961; Walter Nigg, Wallfahrt zur Dichtung, Zürich-Stuttgart 1966.

hen, das für Walter Nigg ein Herzensanliegen war. 1978 kam sein Buch heraus „Bleibt, ihr Engel, bleibt bei mir . . . ", das für eine große Lesergemeinde zu einem wahren Trostbuch geworden ist. Für ihn selbst war die behütende Nähe der Engel, die allzeit das Antlitz Gottes schauen und von dort her ihre Klarheit, ihre Kraft und ihre Fähigkeit zur Wegleitung der Menschen haben, eine Gewißheit aus dem Glauben an Gottes Wort.[68] Er sprach immer wieder vom Begleitengel, ohne den er sich sein Dasein gar nicht mehr vorstellen konnte. Mit Johannes Tauler ist er überzeugt, „daß dieser <Engel> ohne Unterlaß bei ihm ist, ihn niemals verläßt und ihn behütet . . . auf all seinen Wegen und in seinen Werken, sie seien böse oder gut."[69] Und er liebte die alte Legende, wonach der um das Leben des Christen besorgte Engel hinter dem Menschen hergeht und erst in seiner Todesstunde ihm unerwartet von vorn entgegenkommt.[70] Aber auch die finstere Seite dieses Themas hat Walter Nigg in seinem aufwühlenden Buch „Der Teufel und seine Knechte" mutig angemahnt. Und es hat ihn mit tiefer Sorge erfüllt, daß gerade dieses Buch bei den heutigen Lesern kaum ein Echo fand – obwohl es z. B. von Josef Sudbrack in „Geist und Leben" äußerst positiv und dankbar rezensiert worden war.[71] Walter Nigg ist jedenfalls überzeugt, daß die dunklen Mächte und Gewalten, die unsere vom Nihilismus befallene Welt und besonders die verwirrte und lärmende Christenheit bedrohen, entlarvt und beim Namen genannt werden müssen. Und er betont unermüdlich, daß ohne den Beistand der guten Mächte, der Engel, der gegenwärtige Geisteskampf nicht zu bestehen ist.[72]
Aber nicht nur hier, sondern an vielen Stellen seines rund 40 Bände umfassenden Werkes und in unzähligen Vorträgen und Reden hat er sich – stets aktuell – mit gefährlichen Tendenzen der Gegenwart auseinandergesetzt und sich ganz bewußt und kämpferisch dem

---

[68] Vgl. Walter Nigg, Karl Gröning, Bleibt, ihr Engel, bleibt bei mir . . ., Berlin 1978, S. 130ff.

[69] Zitat nach Walter Nigg, Das mystische Dreigestirn, Zürich-München 1988, S. 123.

[70] Vgl. Bleibt, ihr Engel, bleibt bei mir . . ., S. 136.

[71] „Geist und Leben", Würzburg 1984, S. 160.

[72] Vgl. Der Teufel und seine Knechte, S. 185.

Zeitgeist entgegengestellt. Er hielt es für notwendig, auch einmal anzuecken und zu schockieren, so wie sein Stil eigenwillig und unverwechselbar nie auf Gefälligkeit und Glätte aus war, sondern auf ungeschminkte Klarheit und Glaubwürdigkeit. Das brachte ihm auch manchen Ärger ein und nicht selten herbe, leider auch pauschale und ungerechte Kritik. Viele aber ließen sich wachrütteln von der Glut seiner Sprache und der Kraft seines Bekenntnisses, wenn er, mit einem unbestechlichen Blick für die Zeichen der Zeit, Zeugen des Glaubens, also die Heiligen mit und ohne Heiligenschein, oft aus langer Vergessenheit für die Gegenwart wiederentdeckte und sie sozusagen in den Zeugenstand für Wahrheit und Menschenwürde heute hereinruft. Das ist ihm gerade in der Darstellung Friedrich Spees in erschütternder Weise gelungen, den er provozierend wie eine offene Frage, wie ein hellwaches Gewissen mitten in unsere aufgeklärte und dennoch vielfältigen Wahnvorstellungen gegenüber so anfällige Zeit hineinstellt.

Sein tiefstes Anliegen aber ist und bleibt es, den heutigen Menschen in seiner Einsamkeit und Ortslosigkeit wieder in die Gemeinschaft mit den Heiligen, wieder in ein Zwiegespräch mit ihnen zu bringen.

Am tiefsten und überzeugendsten ist das Walter Nigg mit einem schmalen Bändchen gelungen aus den letzten Jahren seines Lebens. Es ist vielleicht sein kostbarstes und reifstes Buch, das ganz aus der innigen Verbundenheit mit seinen geliebten Heiligen entstanden ist. Er hat es überschrieben: „Die Hoffnung der Heiligen – Wie sie starben und uns das Sterben lehren". Der unersetzliche Wert des Gespräches mit den Heiligen wird hier überdeutlich – ein „ungewöhnliches Gespräch" mit dem Tod, über das Sterben und über die so schwer erlernbare und so lebensnotwendige Kunst des Sterbens, die eng verbunden ist mit der Kunst zu leben und der Kunst zu lieben.[73] Der schon über 80jährige hat uns hier sein geistliches Vermächtnis hinterlassen.

Wir würden aber seinem innersten Anliegen nicht voll gerecht, ohne nicht noch auf die letzte und entscheidende Konsequenz des Gespräches mit den Heiligen wenigstens kurz einzugehen. Es ist

---

[73] Vgl. Walter Nigg, Die Hoffnung der Heiligen – Wie sie starben und uns das Sterben lehren, Ostfildern 1986², S. 110ff.

niemals ein unverbindliches Gespräch. Denn „die Sache der Heiligen erfordert eindeutig den Stil des Anrufs".[74] Zwar sagt man schnell, wir seien doch Durchschnittsmenschen und jedenfalls keine Heiligen, wenn wir entschuldigend auf unsere Schwächen und Fehler zu sprechen kommen. Aber Walter Nigg ruft uns mit Worten der heiligen Theresia von Avila zu: „Gott behüte uns davor, meine Schwestern, wenn wir irgendeine Unvollkommenheit begehen, zu sagen: Wir sind keine Engel, wir sind keine Heiligen! Sind wir es auch nicht, so bedenket, daß wir es, wenn wir uns anstrengen, mit der Hilfe Gottes werden können ... Fürchtet nicht, es werde an Gott fehlen; nein, an uns fehlt es."[75] Denn „Heiligkeit ist kein Luxusartikel für einige auserwählte Seelen, vielmehr eine christliche an alle gerichtete Forderung. Unmißverständlich schreibt der Apostel: ‚Das ist der Wille Gottes, eure Heiligung (1 Thess 4,3).'"[76] Und klug der Mensch, der mutig und zuversichtlich in die Schule der Heiligen geht und das Wort des Märtyrerpapstes Clemens von Rom – wir erinnern uns – beherzigt: „Geht zu den Heiligen, denn die mit ihnen gehen, werden geheiligt werden."[77] Und Walter Nigg stellt leidenschaftlich die Frage: „Wo kämen wir hin, wenn wir <wirklich> die Heiligen nachahmen wollten? Geriete nicht alles ins Wanken? Ja, Blitz und Donner, was würde geschehen? Das größte seelische Erdbeben würde sich ereignen, die ganze verharzte Christenheit geriete wieder in Bewegung, die engen Wände unserer Herzensträgheit würden mit lautem Krach auseinanderbersten ... Erneut würde in der Christenheit wieder jenes Feuer zu lodern beginnen, von dem Christus sagte, daß er gekommen sei, es auf Erden anzuzünden, und dann voller Sehnsucht hinzufügte: ‚Was wollte ich lieber, denn es brennete schon'."[78]
So hatte sein Herz am brennenden Leben der Heiligen Feuer gefangen. Sie waren zum unauslotbaren Thema seines Lebens geworden. Mit Leidenschaft, mit staunender Freude, mit stillem

---

[74] Die Heiligen kommen wieder, S. 26.

[75] Zitat nach ebd. S. 26.

[76] Walter Nigg, Heilige im Alltag, Olten-Freiburg 1980, S. 23.

[77] Zitat nach Walter Nigg, Vom beispielhaften Leben, S. 11.

[78] Heilige im Alltag, S. 24.

Fleiß und unermüdlicher Treue hatte er sich ein Leben lang dieser gewaltigen Aufgabe hingegeben – immer bereit, selber zurückzutreten und den Heiligen und all den Zeugen und Boten des Ewigen, die ihn geheimnisvoll anzogen, den Vortritt zu lassen. Denn er war mit dem heiligen Paulus tief überzeugt und geprägt von der Wahrheit: „Euer Leben ist verborgen mit Christus in Gott" (Kol 3,3). So steht er – mit einem Wort Kardinal Volks gesprochen – vor uns als „ein Zeuge aus Überzeugung", der eine starke Zuversicht, unbestechliche Klarheit und eine stille Heiterkeit ausstrahlte. Diese Glaubenshaltung hat ihn bis zu seinem Lebensende und in seinem Sterben nicht verlassen. „Ich muß immer singen", so waren seine Worte aus den letzten Tagen seiner Krankheit, als ob in seinem Herzen das schöne Lied aus dem „Güldenen Tugend-Buch" Friedrich Spees nachklingen würde:

> Dich meinen Gott vnd Herren
> Will ich hertzwillig sein
> Mit Lobgesang zu ehren,
> Biß in das grabe mein:
> Ja wan schon ich geh schlaffen,
> Schlaffen wohl in das grab,
> Will dir doch lob verschaffen;
> Soll drumb nit nemen ab.
>
> Nach mir will ich verlaßen
> In meinem Testament,
> Ein liedlein schön ohn massen
> Zum Gotteslob verwendt.
> Daß wird noch wol erklingen
> Ob ich schon storben bin:
> Es werdens andre singen,
> Wan ich schon bin dahin.[79]

Und so ist er mit Lobgesang heimgegangen in der festen Zuversicht, daß die Engel, seine treuen Begleiter, ihn in den Schoß Abrahams tragen werden.

---

[79] Friedrich Spee: Güldenes Tugend-Buch, hrsg. von Theo G. M. van Oorschot, München 1968, S. 473.

Im Stundengebet der Kirche beten wir in den Freitagslaudes: Allmächtiger Gott, wir bringen dir unseren Lobgesang. Gib, daß unser Lied einst sich vollende im Chor deiner Heiligen.